DICCIONARIO
DE FÚTBOL

PARA UN ENTENDIMIENTO
PROFUNDO DEL DEPORTE REY

DANIEL INIESTA

www.diccionario-futbol.guiaburros.es

EDITATUM

Diseño de cubierta: © Marta Villarín (EDITATUM)
Maquetación de interior: © EDITATUM

Primera edición: abril de 2024

ISBN: 978-84-19731-63-0
Depósito Legal: M-8490-2024

IMPRESO EN ESPAÑA/ PRINTED IN SPAIN

Te invitamos a registrar la compra de tu libro o *e-book* dándote de alta en el **Club GuíaBurros,** obtendrás directamente un cupón de **2 € de descuento** para tu próxima compra.

Además, si después de leer este libro lo has considerado útil e interesante, te agradeceríamos que hicieras sobre él una **reseña honesta en cualquier plataforma de opinión** y nos enviaras un *e-mail* a **opiniones@guiaburros.es** para poder, desde la editorial, enviarte **como regalo otro libro de nuestra colección.**

Sobre el autor

Daniel Iniesta es el seudónimo bajo el que se esconde un estudioso y analista deportivo, especializado en fútbol, bien sea el clásico o el *futsal*, habiendo desarrollado su actividad también en el ámbito de otros deportes.

Basa su conocimiento por un lado en el análisis riguroso de datos y estadísticas y, por otro, en el estudio de las bases principales del juego, de sus modelos y formas de desarrollo y de todos los componentes técnicos, tácticos y físicos necesarios en los distintos niveles, desde amateurs hasta profesionales de alto rendimiento.

Este es su tercer libro, pues publicó en esta misma editorial *GuíaBurros: Fútbol o Futsal. Guía definitiva para conocer y dominar el juego* y *GuíaBurros: Los 30 mejores jugadores de fútbol de la historia*.

Índice

Emprendimiento KIDS, mediante un plan formativo adaptado a la edad y necesidades de los niños, busca la transmisión del espíritu emprendedor, así como la formación de los mismos en herramientas necesarias para su desarrollo personal, financiero y profesional.

Dentro de este programa Borja Pascual ha puesto en marcha, junto a su hijo de 9 años Nicolás Pascual, un proyecto de emprendimiento llamado **Fútbol PRO.**

Es un negocio de generación de contenido de valor, en este caso de fútbol, que incluye proyecto web, redes sociales y comunidad.

 https://emprendimiento-kids.com/

Puedes visitar el proyecto en:

 https://futbol-pro.com/

Introducción

El fútbol, denominado con justicia el deporte rey, se erige como una de las máximas expresiones de pasión, cultura y unidad a nivel global. Este juego trasciende fronteras, idiomas y culturas, conectando corazones y almas bajo un idioma universal: el del balón.

No obstante, como en toda disciplina rica en historia y evolución, el fútbol se acompaña de un amplio léxico que abarca desde tácticas y técnicas hasta reglas y roles dentro del campo. Es aquí donde este diccionario de fútbol cobra vida, con el propósito de desentrañar, explicar y celebrar la complejidad y belleza de este deporte, haciéndolo accesible para todos, desde el aficionado recién iniciado hasta el seguidor más apasionado. Este compendio léxico no solo busca ser una herramienta de referencia que aclare dudas o resuelva debates, sino también una invitación a profundizar en el conocimiento del fútbol, promoviendo la comprensión de los aspectos tácticos, técnicos y culturales que lo componen.

Al desglosar términos como "ojeador", "regate" o "bloque alto", el lector podrá adentrarse en el intrincado mundo del fútbol, accediendo a las sutilezas que definen el juego y las estrategias que lo enriquecen.

Este diccionario se convierte, así, en un puente que une la pasión por el fútbol con el entendimiento profundo de sus principios y prácticas. La importancia de una obra como esta radica en su capacidad para educar e inspirar.

En un mundo donde el fútbol se vive intensamente en cada esquina del planeta, tener acceso a un conocimiento detallado sobre su funcionamiento permite a los aficionados no solo seguir los partidos con mayor entendimiento, sino también participar activamente en discusiones, análisis y reflexiones sobre este deporte.

Desde comprender la estrategia detrás de una formación táctica hasta apreciar la habilidad individual de un jugador al realizar un regate espectacular, este diccionario abre las puertas a una experiencia futbolística más rica y gratificante. Además, este libro sirve como un homenaje a la historia y la evolución del fútbol. Al recorrer sus páginas, los lectores podrán realizar un viaje en el tiempo, explorando cómo han cambiado las reglas, las tácticas y hasta la cultura del fútbol a lo largo de los años.

Figuras legendarias, partidos memorables y momentos que han definido el deporte son evocados a través de la explicación de términos que, de otra manera, podrían quedar en el olvido. Así, este diccionario no solo educa, sino que también preserva y celebra el legado del fútbol.

En conclusión, este diccionario de fútbol emerge como una obra indispensable para todo aquel que desee sumergirse en las profundidades de este deporte. Ya sea para aclarar una duda puntual o para embarcarse en un proceso continuo de aprendizaje, este libro se presenta como un compañero de viaje en el emocionante camino del fútbol. Invitamos a lectores de todas las edades y niveles de conocimiento a explorar sus páginas, confiando en que encontrarán en ellas la llave para desbloquear una comprensión más profunda y un amor aún mayor por este juego que, partido tras partido, continúa cautivando y uniendo al mundo.

A

AFC (Confederación Asiática de Fútbol). La Confederación Asiática de Fútbol (AFC) es el organismo rector del fútbol en el continente asiático, incluyendo partes de Oceanía. Fundada en 1954, su sede se encuentra en Kuala Lumpur, Malasia. La AFC es responsable de organizar competiciones de fútbol a nivel de clubes y selecciones nacionales dentro de su territorio. Entre sus competiciones más destacadas se encuentran la Copa Asiática de la AFC, la Liga de Campeones de la AFC y la Copa AFC.

La organización también trabaja para el desarrollo del fútbol en Asia, promoviendo la participación en todos los niveles, mejorando las infraestructuras y aumentando el nivel competitivo del deporte en la región.

La AFC está compuesta por 47 asociaciones miembros y es una de las seis confederaciones reconocidas por la FIFA, el organismo rector del fútbol mundial.

AFE (Asociación de Futbolistas Españoles). La Asociación de Futbolistas Españoles (AFE) es el sindicato que representa los intereses de los jugadores y jugadoras de fútbol profesional en España. Fundada en 1978, su principal objetivo es defender los derechos laborales de sus afiliados, negociando convenios colectivos, asesorando en temas legales, de salud y formación. La AFE juega un papel crucial en las relaciones entre futbolistas, clubes y otras entidades del fútbol español. Además de la representación y asesoramiento, la asociación también se involucra en actividades de promoción del deporte, apoyo a jugadores en transición de carrera y programas de formación para el desarrollo personal y profesional de los futbolistas. La AFE es miembro de FIFPro, la organización mundial que agrupa a los sindicatos de futbolistas profesionales.

Ala en fútbol sala. El ala en fútbol sala es una posición de juego caracterizada por su versatilidad y movilidad en la cancha. Los jugadores que ocupan esta posición, conocidos como alas, son responsables de crear oportunidades de ataque y también de contribuir en la defensa. Se ubican en los costados del campo y suelen ser jugadores rápidos, hábiles en el manejo del balón y buenos en el uno contra uno.

Las alas deben ser capaces de ejecutar cambios de ritmo, driblar a los adversarios, realizar pases precisos y tener capacidad de tiro. Además, su rol implica una constante comunicación y coordinación con el pivote (delantero) y el cierre (defensor), para efectuar transiciones efectivas entre defensa y ataque. Esta posición es crucial para abrir la defensa contraria y generar espacios en la cancha de fútbol sala.

Alevín en fútbol. La categoría alevín en fútbol se refiere a la división de jugadores que suelen tener entre 10 y 12 años de edad. Este nivel es fundamental en la formación y desarrollo de futbolistas jóvenes, enfocándose no solo en las habilidades técnicas y tácticas del deporte, sino también en la promoción de valores como el trabajo en equipo, el respeto y la deportividad. Los equipos alevines participan en competiciones organizadas a nivel local, regional y, en algunos casos, nacional, lo que permite a los jóvenes talentos competir en un entorno estructurado y supervisado. Además de los aspectos deportivos, esta categoría enfatiza la importancia del equilibrio entre el deporte y la educación, asegurando que los jóvenes atletas crezcan en un ambiente sano y constructivo.

Alineaciones en fútbol. Las alineaciones en fútbol se refieren a la disposición táctica de los jugadores en el campo antes del inicio del partido. Este esquema define las posiciones y roles específicos de cada jugador, determinando la estrategia general que el equipo seguirá durante el encuentro.

Existen diversas formaciones tácticas, como el 4-4-2, el 4-3-3, el 3-5-2, entre otras, cada una con sus propias características y objetivos, como fortalecer la defensa, potenciar el ataque o mantener un equilibrio entre ambas facetas del juego. La elección de la alineación depende de varios factores, incluyendo las habilidades de los jugadores disponibles, el estilo de juego del equipo, las condiciones del partido y el tipo de adversario.

La alineación es clave para implementar la visión táctica del entrenador y puede ajustarse durante el partido para responder a la dinámica del juego.

Alineación indebida en el fútbol.

La alineación indebida en el fútbol se refiere a la infracción cometida por un equipo cuando incluye en su alineación a un jugador que no cumple con los requisitos reglamentarios para participar en un partido específico. Esto puede deberse a varias razones, como una sanción pendiente, no estar correctamente inscrito en la competición, o superar el límite de edad en categorías con restricciones. La consecuencia de una alineación indebida varía según las regulaciones de cada competición, pero generalmente resulta en la pérdida del partido por parte del equipo infractor, la adjudicación de los puntos al equipo contrario, y en ocasiones, sanciones económicas o de otra índole para el club.

Este tipo de infracción subraya la importancia del cumplimiento de las normas establecidas por las organizaciones y federaciones deportivas, asegurando la equidad y la integridad competitiva. La detección de una alineación indebida puede ser reportada por el equipo contrario, observadores oficiales o puede ser identificada durante la revisión posterior al partido por las autoridades competentes.

Amonestación en el fútbol. La amonestación en el fútbol es una sanción disciplinaria que el árbitro impone a un jugador por cometer faltas que infringen las reglas del juego, pero que no son lo suficientemente graves como para merecer una expulsión. Esta se señala mostrando al jugador una tarjeta amarilla. Las razones para recibir una amonestación incluyen conducta antideportiva, interrupciones persistentes del juego, desacato a las decisiones del árbitro, demorar la reanudación del juego, no respetar la distancia reglamentaria en un saque de esquina o tiro libre, entre otras. Un jugador que acumula dos tarjetas amarillas en un mismo partido es expulsado del campo de juego y recibe una tarjeta roja. Las amonestaciones tienen implicaciones en competiciones de liga o torneos, ya que la acumulación de varias tarjetas amarillas a lo largo de un periodo puede resultar en suspensiones automáticas para partidos futuros. La regla de la amonestación busca mantener el *fair play*, sancionar la conducta inapropiada y garantizar el flujo continuo y justo del juego.

Árbitros en el fútbol. Los árbitros en el fútbol son oficiales encargados de hacer cumplir las Reglas del Juego durante un partido.

El equipo arbitral generalmente consiste en un árbitro principal y dos asistentes, conocidos como líneas. En competiciones de alto nivel, se incluye un cuarto árbitro, encargado de asuntos administrativos fuera del campo, y en algunas instancias, árbitros asistentes adicionales o el uso del sistema de asistencia arbitral por vídeo (VAR).

El árbitro principal tiene la autoridad máxima en el terreno de juego, tomando decisiones sobre goles, faltas, penaltis, tarjetas amarillas y rojas, y cualquier otro aspecto relacionado con el juego. Los asistentes ayudan al árbitro principal señalando fuera de juego, saques de banda, saques de esquina o tiros de meta, y también pueden informar al árbitro sobre cualquier infracción que este no haya visto.

La introducción del VAR ha añadido una capa adicional de revisión en decisiones críticas como goles, penaltis, tarjetas rojas directas y errores en la identificación de jugadores.

La imparcialidad, integridad y competencia de los árbitros son fundamentales para el fútbol, ya que su labor asegura que el juego se desarrolle de manera justa y conforme a las reglas.

Área en fútbol. El área en fútbol, también conocida como el área penal o el área de penalti, es una zona rectangular situada en cada extremo del campo, delante de la portería. Sus dimensiones son 16.5 metros (18 yardas) desde la línea de meta hacia el interior del campo y 40.3 metros (44 yardas) de ancho, extendiéndose 16.5 metros a cada lado de la portería. Dentro de esta área, el portero tiene la capacidad de utilizar las manos para jugar el balón, única zona del campo donde esta acción es permitida para dicho jugador. Las faltas cometidas por el equipo defensor dentro de esta área resultan en un penalti, un tiro libre directo hacia la portería desde el punto penal, ubicado a 11 metros (12 yardas) de la línea de meta.

El área penal no solo es crucial para la defensa y la toma de decisiones del portero, sino que también es un espacio vital para la creación de jugadas ofensivas y estrategias de ataque. Su diseño y reglamentación son esenciales para la dinámica y la estructura del juego, impactando significativamente en la estrategia y el resultado de los partidos.

Asistencia en el fútbol. Una asistencia en el fútbol se refiere a la acción de un jugador que, con un pase, cabezazo, o cualquier otro contacto intencionado con el balón, facilita directamente a un compañero de equipo la oportunidad de marcar un gol. Este gesto técnico y táctico es fundamental en el juego, pues subraya la importancia del trabajo en equipo y la habilidad para crear oportunidades de anotación. Las asistencias pueden venir de jugadas elaboradas, como toques cortos y precisos en la proximidad del área rival, largos envíos desde el propio campo, o incluso acciones individuales que culminan en un pase decisivo. Las estadísticas de asistencias son utilizadas para evaluar la contribución ofensiva de los jugadores más allá de los goles marcados, reconociendo la creatividad y visión de juego. En muchas ligas y torneos, el jugador con el mayor número de asistencias durante la temporada es premiado, destacando su habilidad para influir en el juego y su capacidad para desempeñar un rol clave en el éxito de su equipo.

Autogol en el fútbol. Un autogol en el fútbol ocurre cuando un jugador introduce el balón en su propia portería, resultando en un gol a favor del equipo contrario. Esta acción puede suceder de manera accidental durante intentos de despeje, intercepciones fallidas o malentendidos con el portero.

A diferencia de los goles marcados en la portería adversaria, el autogol es un momento desafortunado que refleja la naturaleza impredecible del juego.

Aunque el jugador responsable del autogol puede sentirse frustrado por su error, es importante reconocer que estos incidentes son parte del deporte y pueden ocurrir a cualquier nivel de competición.

Los autogoles contribuyen al marcador final del partido de la misma manera que cualquier otro gol, pero no se atribuyen a un jugador del equipo beneficiado en términos de estadísticas de goles marcados.

En cambio, se registra como un autogol junto al nombre del jugador que lo cometió.

La manera en que equipos y jugadores responden a un autogol puede ser decisiva, destacando la importancia de la moral y el apoyo mutuo dentro del equipo.

B

Balón de Oro. El Balón de Oro es un prestigioso premio individual en el mundo del fútbol, otorgado por la revista francesa *France Football*. Reconoce al mejor jugador del mundo basándose en su desempeño durante el año calendario.

Desde su creación en 1956, el galardón ha sido entregado a los futbolistas más destacados, inicialmente limitado a jugadores europeos antes de abrirse a candidatos de todo el mundo en 1995. Los criterios de selección incluyen habilidades técnicas, actuaciones individuales y colectivas, *fair play* y la carrera general del jugador. El proceso de votación involucra a periodistas deportivos internacionales, cada uno seleccionando a tres jugadores para el premio.

El Balón de Oro se ha convertido en uno de los mayores honores para los futbolistas, simbolizando el reconocimiento mundial de su talento, dedicación y impacto en el deporte. Grandes nombres como Lionel Messi y Cristiano Ronaldo han sido frecuentes ganadores en años recientes, destacando su dominio en el fútbol moderno.

Balón parado. El término "balón parado" en el fútbol se refiere a situaciones donde el juego se reanuda desde una posición estática. Esto incluye tiros libres, saques de esquina, penales y saques de meta.

Las jugadas de balón parado son momentos críticos que pueden cambiar el curso de un partido, ya que ofrecen oportunidades únicas para marcar o crear situaciones de peligro. Los equipos a menudo practican rutinas específicas para maximizar sus chances de éxito durante estas situaciones, trabajando en la colocación, el movimiento y el *timing* de los jugadores.

La habilidad para ejecutar efectivamente jugadas de balón parado es considerada una parte vital de la estrategia de un equipo, tanto en defensa como en ataque.

Los especialistas en tiros libres o en saques de esquina pueden tener un impacto significativo en el resultado de un partido, haciendo de la precisión y la creatividad en estas situaciones una herramienta poderosa en el fútbol moderno.

Banderín de córner en el fútbol. El banderín de córner en el fútbol es un poste con una bandera situado en cada una de las cuatro esquinas del campo de juego. Su propósito es señalar visualmente los límites donde se ejecutan los saques de esquina. Los saques de esquina se conceden cuando el balón sale por la línea de fondo después de ser tocado por último por un jugador del equipo defensor.

El banderín de córner juega un papel crucial durante los partidos, marcando el punto exacto desde donde se deben realizar estos saques, permitiendo a los equipos ejecutar jugadas preestablecidas para intentar marcar goles.

Además de su función práctica, el banderín de córner a veces se utiliza como parte de la celebración de un gol o para demostrar habilidad, con jugadores ocasionalmente levantándolo o incluso utilizando el poste para realizar trucos durante el juego. Aunque es un elemento simple, el banderín de córner es una parte esencial de la infraestructura de un campo de fútbol, garantizando que el juego se juegue según las reglas establecidas.

Banquillo en el fútbol. El banquillo en el fútbol es el área designada para los jugadores suplentes, el cuerpo técnico y el equipo de apoyo de cada equipo durante un partido.

Ubicado a un lado del campo de juego, proporciona asientos para aquellos que no están participando activamente en el partido, permitiéndoles observar el juego y prepararse para entrar al campo si es necesario.

El banquillo es un componente vital de la dinámica de un equipo, ya que desde aquí se toman decisiones tácticas importantes, se realizan sustituciones y se dan instrucciones a los jugadores.

La composición del banquillo puede variar según las reglas de la competición, pero generalmente incluye un número limitado de jugadores suplentes y miembros del cuerpo técnico, como el entrenador principal, asistentes técnicos, y a veces, personal médico.

La interacción y la comunicación entre el equipo en el campo y aquellos en el banquillo son fundamentales para el desarrollo del juego, con el banquillo ofreciendo soporte estratégico, moral y logístico a lo largo del partido.

Barrera en fútbol. La barrera en fútbol es una formación defensiva temporal creada por un grupo de jugadores del equipo que defiende, cuyo objetivo es bloquear o dificultar la trayectoria de un tiro libre directo hacia su portería. Esta táctica se utiliza para cubrir la mayor parte posible del arco que el portero no alcanza, reduciendo así las opciones del jugador que ejecuta el tiro libre.

La colocación y el número de jugadores en la barrera dependen de la distancia y el ángulo del tiro libre, así como de la estrategia del entrenador y las características del jugador que va a ejecutar el tiro por el equipo contrario. Los jugadores en la barrera suelen colocarse de la mano y girar su cuerpo ligeramente, para protegerse de posibles impactos del balón, manteniendo la mirada hacia el balón para intentar bloquearlo o desviar su trayectoria. La efectividad de una barrera puede influir significativamente en el resultado de situaciones de tiro libre, convirtiéndola en un elemento crucial dentro de la estrategia defensiva de un equipo.

Benjamín. La categoría benjamín en el fútbol hace referencia a una división de jugadores jóvenes, generalmente entre los 8 y 9 años de edad. Este grupo etario es uno de los primeros niveles en la estructura del fútbol base, donde los niños comienzan a participar en competiciones organizadas, aprendiendo las reglas básicas del juego y desarrollando habilidades fundamentales. En esta etapa, el énfasis está en la formación y el disfrute del juego más que en la competencia en sí. Los entrenamientos y partidos están diseñados para promover el amor por el fútbol, el trabajo en equipo, la disciplina, y el respeto por compañeros y adversarios.

Las dimensiones del campo de juego, el tamaño del balón, y la duración de los partidos son ajustados a la edad de los participantes para facilitar el aprendizaje y la participación activa de todos los niños.

La categoría benjamín es crucial para el desarrollo físico, técnico, táctico y psicológico de los futuros futbolistas.

Bicicleta en fútbol. La bicicleta, también conocida como regate o amague, es una técnica de fútbol utilizada por los jugadores para engañar y superar a un oponente. Consiste en una serie de movimientos rápidos y coordinados en los que el jugador con el balón simula dirigirse en una dirección, generalmente mediante el uso de uno o ambos pies para realizar movimientos circulares alrededor del balón sin tocarlo, para luego acelerar en una dirección diferente. Esta maniobra puede ser utilizada en espacios reducidos para crear espacio y tiempo, permitiendo al jugador que la ejecuta avanzar por el campo, cruzar a un compañero de equipo, o incluso prepararse para un disparo a gol. La bicicleta requiere agilidad, coordinación y habilidad técnica, siendo una de las jugadas más espectaculares y efectivas cuando se realiza correctamente.

Grandes futbolistas han utilizado esta técnica para desmarcarse de sus rivales, creando momentos memorables en la historia del fútbol.

Bloque bajo, medio y alto. Los términos bloque bajo, medio y alto se refieren a las distintas estrategias defensivas adoptadas por un equipo de fútbol en función de su posicionamiento vertical en el campo.

Un bloque bajo implica que el equipo se posiciona cerca de su propia área, compactando el espacio entre los jugadores y reduciendo los huecos por los que el equipo contrario pueda penetrar; esta táctica se utiliza comúnmente para proteger un resultado favorable o cuando se enfrenta a un oponente ofensivamente superior.

Por otro lado, un bloque medio se establece en la mitad del terreno de juego, equilibrando entre la defensa y el ataque. Esta posición permite al equipo presionar al rival en su propia mitad y facilita la transición al ataque tras recuperar la posesión. Finalmente, el bloque alto se caracteriza por una presión intensa cerca del área del equipo contrario, buscando forzar errores en la salida del balón y recuperar la posesión en zonas avanzadas para crear oportunidades de gol. Cada uno de estos enfoques requiere una gran coordinación y disciplina táctica, siendo elegidos en función de la estrategia del equipo y las características del rival.

Brazalete en fútbol. El brazalete en fútbol es un distintivo usado por el capitán de cada equipo durante los partidos. Este accesorio, generalmente colocado en el brazo, simboliza la autoridad del capitán y su rol como líder y representante de los jugadores en el campo.

El capitán tiene varias responsabilidades, incluyendo la toma de decisiones tácticas menores, la comunicación con el árbitro en nombre del equipo, y el liderazgo, por ejemplo, motivando y guiando a sus compañeros de equipo.

El uso del brazalete también es un signo de respeto hacia el jugador que lo lleva, reconociendo su experiencia, habilidad y carácter dentro del equipo.

La selección del capitán varía según el equipo, pudiendo ser elegido por el entrenador, los jugadores o a través de un sistema de rotación, dependiendo de la filosofía del club o la selección nacional.

C

CAF, Confederación Africana de Fútbol. La Confederación Africana de Fútbol (CAF) es el organismo rector del fútbol en el continente africano. Fundada en 1957, es responsable de la organización y promoción del fútbol a nivel de clubes y selecciones nacionales en África.

La CAF supervisa diversas competiciones, siendo la Copa Africana de Naciones (CAN) el torneo más prestigioso a nivel de selecciones nacionales, mientras que la Liga de Campeones de la CAF lo es para los clubes. Además, trabaja en el desarrollo del fútbol juvenil, femenino y a nivel de infraestructuras en el continente. La CAF también colabora en programas de formación para entrenadores, árbitros y administradores de fútbol, buscando elevar el nivel del deporte en África.

Con sede en El Cairo, Egipto, la CAF juega un papel crucial en el fomento del talento africano, contribuyendo significativamente al crecimiento global del fútbol.

Calentamiento en fútbol. El calentamiento en fútbol es una serie de ejercicios físicos y técnicos realizados antes de un entrenamiento o partido con el objetivo de preparar al cuerpo y la mente para el esfuerzo físico. Estas actividades ayudan a aumentar la temperatura corporal, mejorar la elasticidad muscular, y activar el sistema cardiovascular, reduciendo así el riesgo de lesiones y mejorando el rendimiento en el campo. Un calentamiento típico incluye ejercicios de estiramiento, carreras cortas, ejercicios con balón y prácticas específicas relacionadas con el juego, como pases, tiros a gol y dribles.

Además, el calentamiento sirve para concentrar a los jugadores, estableciendo un estado mental óptimo para enfrentar las demandas tácticas y técnicas del partido.

La duración y la intensidad del calentamiento pueden variar, pero generalmente dura entre 15 y 30 minutos, asegurando que los jugadores estén física y mentalmente preparados para competir al máximo nivel.

Cambio en el fútbol. Un cambio en el fútbol se refiere a la sustitución de un jugador en el campo por otro que se encuentra en el banquillo, siendo una estrategia utilizada por el entrenador para influir en el curso del juego.

Los cambios pueden tener diversos objetivos, como introducir frescura física, ajustar la táctica, reforzar la defensa, potenciar el ataque o responder a una lesión.

Las reglas sobre los cambios han evolucionado con el tiempo; actualmente, en la mayoría de las competiciones, se permite un número limitado de sustituciones durante el partido, con reglas adicionales aplicadas en caso de prórrogas.

Los cambios son una herramienta crucial en la gestión del equipo, ofreciendo al entrenador la posibilidad de adaptarse a las circunstancias del partido y de utilizar de manera óptima el talento disponible en el equipo.

Campeonatos de fútbol. Los campeonatos de fútbol son competiciones organizadas por diferentes entidades a nivel local, nacional e internacional, en las que participan equipos o selecciones nacionales para disputarse el título de campeones en sus respectivas categorías.

Estos torneos pueden variar en formato, incluyendo ligas, en las que los equipos se enfrentan entre sí en partidos de ida y vuelta a lo largo de una temporada; copas, que suelen ser eliminaciones directas; o combinaciones de ambos.

Los campeonatos de fútbol despiertan gran interés entre aficionados y medios de comunicación, siendo la Copa del Mundo de la FIFA, la UEFA Champions League, la Copa América, y la Eurocopa algunos de los más prestigiosos y seguidos a nivel mundial.

Estos eventos no solo son vitrinas para el talento futbolístico, sino que también promueven la unidad y el intercambio cultural entre países y clubes de diferentes partes del mundo.

Campeonato Africano de Naciones (CHAN). El Campeonato Africano de Naciones (CHAN) es una competición de fútbol organizada por la Confederación Africana de Fútbol (CAF) destinada a las selecciones nacionales de África.

A diferencia de la Copa Africana de Naciones (CAN), en el CHAN solo pueden participar jugadores que compiten en las ligas nacionales de sus respectivos países, excluyendo a aquellos que juegan en el extranjero.

Este torneo fue creado en 2009 con el objetivo de fortalecer el nivel competitivo del fútbol africano, ofreciendo una plataforma para que los talentos locales demuestren sus habilidades en un escenario continental.

El CHAN se celebra cada dos años y contribuye al desarrollo y la visibilidad de los jugadores y del fútbol en el continente africano, promoviendo el descubrimiento de nuevos talentos y la mejora de las infraestructuras deportivas.

Campeonato Sub-20 de la CONCACAF. El Campeonato Sub-20 de la CONCACAF es un torneo internacional de fútbol organizado por la Confederación de Fútbol de Norte, Centroamérica y el Caribe (CONCACAF).

Esta competición, destinada a selecciones nacionales masculinas de la región en la categoría sub-20, sirve como clasificatorio para la Copa Mundial de Fútbol Sub-20 de la FIFA.

El torneo se celebra cada dos años y ha sido una plataforma crucial para el desarrollo de jóvenes talentos en la región, permitiendo a los futbolistas mostrar sus habilidades en un nivel competitivo internacional.

Además de promover el desarrollo deportivo, el campeonato fomenta la unidad y la cooperación entre las naciones participantes, contribuyendo al crecimiento del fútbol en la región de la CONCACAF.

Con el tiempo, ha visto el surgimiento de futuras estrellas que luego brillan en clubes internacionales y selecciones nacionales mayores.

Campeones de la CAF. Los campeones de la CAF (Confederación Africana de Fútbol) se refieren a los equipos y selecciones nacionales que han ganado los principales torneos organizados por esta entidad.

Entre estos torneos destacan la Copa Africana de Naciones (CAN), para selecciones nacionales, y la Liga de Campeones de la CAF, para clubes.

La CAN se celebra cada dos años y es el principal torneo de selecciones del continente, donde equipos nacionales de toda África compiten por el título. Egipto es uno de los países más laureados en este torneo.

Por otro lado, la Liga de Campeones de la CAF es el torneo de clubes más prestigioso de África, equivalente a la UEFA Champions League en Europa. Equipos como el Al-Ahly de Egipto y el TP Mazembe de la República Democrática del Congo han tenido éxitos notables en esta competición. Ganar cualquiera de estos campeonatos es considerado un honor considerable y un punto culminante en la carrera de jugadores y clubes.

Campo de fútbol. Un campo de fútbol es el terreno de juego donde se practica el deporte del fútbol. De forma rectangular, sus dimensiones varían según las regulaciones específicas de cada competición, pero generalmente deben estar entre 90 y 120 metros de largo y entre 45 y 90 metros de ancho para partidos internacionales.

El campo está delimitado por líneas que marcan los límites y se divide en dos mitades por la línea de medio campo. En el centro de cada línea de meta se sitúa una portería, y frente a cada una se encuentra el área penal, dentro de la cual el portero puede usar las manos y se conceden tiros penales por faltas cometidas por el equipo defensor. Otras marcas incluyen el círculo central, el punto penal y las áreas de esquina desde donde se ejecutan los saques de esquina. El campo de juego puede ser de césped natural o artificial, dependiendo de la ubicación y el nivel de la competición.

Cantera. La cantera en el fútbol se refiere al sistema de formación de jóvenes talentos de un club, donde se desarrollan las habilidades técnicas, tácticas, físicas y psicológicas de futuros jugadores desde edades tempranas. Este sistema abarca diversas categorías juveniles, desde equipos de niños hasta el equipo filial que suele competir en divisiones inferiores.

La cantera es fundamental para la filosofía y sostenibilidad económica de muchos clubes, proporcionando una fuente continua de talento que puede ser promovido al primer equipo o transferido a otros clubes. Los programas de cantera no solo se centran en el desarrollo futbolístico, sino también en la educación integral de los jóvenes, inculcándoles valores como el trabajo en equipo, la disciplina y el respeto. Clubes con canteras prestigiosas son reconocidos por su compromiso con el fútbol base y su capacidad para producir jugadores de alto nivel que triunfan en competiciones nacionales e internacionales.

Capitán en el fútbol. El capitán en el fútbol es un jugador que lidera a su equipo tanto dentro como fuera del campo. Elegido por sus cualidades de liderazgo, experiencia y respeto entre sus compañeros y el cuerpo técnico, el capitán tiene varias responsabilidades. En el campo, actúa como el principal enlace entre el equipo y el árbitro, teniendo el privilegio de hablar con los oficiales sobre decisiones del juego. También es responsable de participar en el sorteo inicial para el saque de salida y el lado del campo. Fuera del campo, el capitán a menudo representa al equipo en eventos oficiales y funciones.

El brazalete de capitán es el distintivo que lleva durante los partidos, simbolizando su autoridad y papel. Ser capitán es un honor y una muestra de confianza y respeto, requiriendo un jugador que pueda inspirar, motivar y mantener la calma bajo presión.

Carrilero en fútbol. El término carrilero en fútbol se refiere a un jugador que actúa en las bandas del campo, normalmente en sistemas tácticos que emplean tres defensores centrales.

Los carrileros ocupan una posición mixta entre el lateral y el extremo, teniendo responsabilidades tanto defensivas como ofensivas. En la fase defensiva, colaboran con los centrales en la cobertura de los ataques por su banda, mientras que, en ataque, se proyectan hacia adelante para ofrecer amplitud, profundidad y soporte en el juego por las alas. Su rol requiere gran resistencia física y velocidad, ya que deben cubrir largas distancias a lo largo del partido, apoyando en ambos extremos del campo.

Los carrileros son clave en sistemas como el 3-5-2 o el 5-3-2, aportando flexibilidad táctica y un enlace vital entre la defensa y el ataque.

Carta de libertad en el fútbol. La carta de libertad en el fútbol es un documento que permite a un jugador desvincularse de su club actual para poder fichar por otro sin coste de traspaso. Este documento se emite cuando el contrato del jugador ha finalizado o cuando el club accede a rescindir su contrato antes de tiempo, liberando al jugador de sus obligaciones contractuales.

La carta de libertad es especialmente relevante en situaciones donde el jugador busca nuevas oportunidades de juego o cuando un club no puede mantener al jugador por razones financieras o deportivas.

Aunque obtener la carta de libertad facilita el movimiento de los jugadores entre clubes, la negociación de un nuevo contrato dependerá de las condiciones que el nuevo club ofrezca y la situación del mercado. Este mecanismo asegura cierto grado de movilidad y flexibilidad dentro del sistema de transferencias del fútbol profesional.

Categorías de fútbol. En el fútbol, las categorías se refieren a los diferentes niveles o divisiones en los que se organizan los equipos y competiciones, basados generalmente en la edad, el género, y el nivel de habilidad.

A nivel juvenil, las categorías se dividen por grupos de edad para asegurar competiciones equitativas y promover el desarrollo adecuado de los jóvenes futbolistas.

Estas categorías van desde prebenjamín (menores de 8 años) hasta juvenil (hasta los 19 años). A nivel adulto, las categorías pueden dividirse en profesional y *amateur*, con varias divisiones dentro de cada una, reflejando el nivel competitivo y la calidad de los equipos.

Las categorías profesionales están en la cima de esta estructura y suelen ser organizadas por ligas nacionales e internacionales, mientras que las categorías amateur fomentan la participación a nivel local y regional.

Categoría *amateur* en el fútbol. La categoría *amateur* en el fútbol comprende a los equipos y jugadores que participan en el deporte de manera no profesional. En esta categoría, el fútbol se juega principalmente por pasión, amor al juego o como una actividad recreativa, sin la compensación económica que caracteriza a las ligas profesionales.

Los equipos *amateur* pueden competir en ligas locales, regionales o nacionales, dependiendo del país y de la organización del fútbol *amateur*. Aunque no reciben salario por jugar, estas competiciones son fundamentales para el desarrollo del fútbol, ya que ofrecen una plataforma para que jugadores de todas las edades y habilidades disfruten del deporte, mantengan la forma física y desarrollen sus habilidades técnicas y tácticas.

Categoría cadete en el fútbol. La categoría cadete en el fútbol está destinada a jugadores adolescentes, generalmente entre los 14 y 15 años de edad. Este nivel es crucial para el desarrollo futbolístico, ya que en esta etapa se enfatiza la formación técnica, táctica y física de los jóvenes futbolistas.

Los equipos cadetes suelen participar en ligas y torneos organizados por federaciones locales, regionales o nacionales, proporcionando a los jugadores la oportunidad de competir en un entorno más estructurado y desafiante. Esta categoría sirve como un puente entre el fútbol base y las categorías juveniles, preparando a los jugadores para los niveles de competencia más altos y potencialmente para una carrera en el fútbol profesional.

Categoría fútbol universitario. La categoría de fútbol universitario se refiere a las competiciones y equipos formados dentro de instituciones de educación superior, como universidades y colegios.

En muchos países, especialmente en Estados Unidos, el fútbol universitario representa un nivel competitivo significativo, donde los jugadores pueden combinar su desarrollo futbolístico con la educación académica.

Las ligas y torneos universitarios suelen estar bien organizados, ofreciendo instalaciones de calidad y entrenamiento profesional.

Para muchos jóvenes, el fútbol universitario es una oportunidad para destacar y avanzar en su carrera deportiva, posiblemente conduciendo a oportunidades en el fútbol profesional. Además, promueve valores como el trabajo en equipo, disciplina y equilibrio entre el deporte y los estudios.

Categoría juvenil en el fútbol. La categoría juvenil en el fútbol está diseñada para jugadores adolescentes, generalmente entre los 16 y 19 años de edad.

Esta categoría es el último escalón en el fútbol base antes de dar el salto al fútbol sénior o profesional. En este nivel, se pone especial énfasis en la maduración física, técnica y táctica de los jugadores, preparándolos para las demandas del fútbol de alto rendimiento.

Los equipos juveniles suelen participar en ligas y torneos nacionales e internacionales, lo que proporciona a los jóvenes talentos la oportunidad de competir a un nivel avanzado y ser observados por ojeadores de equipos profesionales.

La categoría juvenil es crucial para el desarrollo de futuros profesionales, y muchos clubes invierten significativamente en sus academias para nutrir y desarrollar a la próxima generación de futbolistas.

Categoría prebenjamín. La categoría prebenjamín en el fútbol incluye a los jugadores más jóvenes, generalmente de 5 a 7 años de edad. En esta etapa, el enfoque está en introducir a los niños al deporte, enseñándoles las reglas básicas del fútbol y fomentando el amor por el juego.

Los entrenamientos y partidos están diseñados para ser divertidos y educativos, con un menor énfasis en la competición y más en el desarrollo de habilidades motoras básicas, como correr, saltar, y el manejo del balón.

Los partidos suelen jugarse en campos más pequeños y con menos jugadores por equipo para asegurar que todos los niños participen activamente y tengan muchas oportunidades de tocar el balón.

La categoría prebenjamín es fundamental para fomentar la participación en el deporte desde una edad temprana, estableciendo las bases para el desarrollo futuro del jugador.

Categoría profesional en el fútbol. La categoría profesional en el fútbol comprende a los equipos y jugadores que compiten en el más alto nivel de este deporte. En esta categoría, el fútbol se juega como una carrera, con los jugadores recibiendo un salario por sus servicios. Los equipos profesionales compiten en ligas y torneos nacionales e internacionales, con estructuras y organizaciones dedicadas a gestionar los aspectos competitivos, financieros y mediáticos del deporte.

La transición de jugador *amateur* a profesional generalmente ocurre a través de las academias de clubes, sistemas de juveniles o mediante pruebas y contrataciones. La categoría profesional es el objetivo de muchos jóvenes futbolistas, representando el pináculo de competencia, habilidad y éxito en el fútbol.

Central en el fútbol.

El término "central" en el fútbol generalmente se refiere a un defensor central, cuyo rol es proteger la zona más cercana a su propia portería y detener los ataques del equipo contrario.

Los defensores centrales son la piedra angular de la defensa de un equipo, responsables de marcar a los delanteros adversarios, interceptar pases, y despejar el balón de áreas peligrosas. Deben poseer una combinación de fuerza física, habilidades tácticas, buena lectura del juego y capacidad para jugar bajo presión. Además, a menudo son los jugadores que lideran la línea defensiva, organizando a sus compañeros de equipo y contribuyendo al inicio del juego ofensivo con pases desde la defensa.

Centrocampista ancla en fútbol.

El centrocampista ancla, también conocido como pivote defensivo, es un jugador clave en el mediocampo que actúa principalmente en un rol defensivo, situado delante de la línea de defensores.

Su principal tarea es proporcionar equilibrio al equipo, interceptando ataques rivales, recuperando el balón y distribuyéndolo de manera efectiva para iniciar el juego ofensivo.

Este jugador debe tener excelentes habilidades de posicionamiento, visión de juego, capacidad para realizar entradas y despejes, así como habilidades de pase para mantener la posesión y controlar el ritmo del partido.

El centrocampista ancla es esencial para proteger a la defensa y actúa como el primer punto de transición del equipo de la defensa al ataque, siendo a menudo el eje sobre el cual gira el equipo.

Centrocampista en el fútbol. El centrocampista en el fútbol es un jugador ubicado en el mediocampo, cuya posición es fundamental para conectar la defensa con el ataque.

Los centrocampistas son versátiles, cumpliendo funciones defensivas y ofensivas. Dependiendo de su rol específico, pueden especializarse en recuperar balones (centrocampistas defensivos), organizar el juego y distribuir el balón (centrocampistas de creación) o apoyar directamente al ataque (centrocampistas ofensivos).

Estos jugadores deben poseer excelente visión de juego, habilidades en el manejo del balón, capacidad de pase, y resistencia física para cubrir grandes distancias durante el partido.

Los centrocampistas son a menudo considerados el motor del equipo, influyendo significativamente en el control del juego y la transición entre la defensa y el ataque.

Cesión en fútbol. La cesión en fútbol se refiere al préstamo temporal de un jugador a otro club, generalmente por una temporada. Durante este período, el jugador sigue perteneciendo a su club original, pero tiene permiso para jugar en competiciones oficiales con otro equipo.

Las cesiones son utilizadas por los clubes por diversas razones, como dar a los jugadores jóvenes la oportunidad de ganar experiencia en partidos reales, o permitir a los jugadores que no tienen espacio en el equipo titular mantener su forma física y competitiva.

Los términos de la cesión pueden incluir acuerdos sobre el salario del jugador, la posibilidad de una compra definitiva al final del período de préstamo y restricciones sobre la participación del jugador contra su club de origen.

Champions League. La UEFA Champions League es el torneo de clubes más prestigioso del fútbol europeo, organizado por la Unión de Asociaciones Europeas de Fútbol (UEFA).

Participan los equipos más destacados de las ligas europeas, calificándose a través de su posición en las respectivas competiciones nacionales o a través de rondas clasificatorias. El torneo comienza con una fase de grupos seguida de eliminatorias a doble partido, culminando en una final a partido único.

La Champions League es conocida por su alta calidad competitiva y reúne a algunos de los clubes más ricos y poderosos del mundo, siendo un escaparate para los mejores talentos futbolísticos. Ganar la Champions League es uno de los logros más codiciados en el fútbol de clubes.

Cierre en fútbol sala. En el fútbol sala, el cierre es una posición defensiva cuyo principal objetivo es proteger la portería y organizar la defensa. El jugador que ocupa esta posición es la última línea antes del portero y juega un papel clave en la interceptación de pases, el bloqueo de disparos y la marcación de los delanteros contrarios. Además de sus responsabilidades defensivas, el cierre a menudo participa en la construcción del juego ofensivo desde la parte trasera, utilizando su visión y habilidades de pase para iniciar ataques.

Dada la naturaleza rápida y técnica del fútbol sala, el cierre debe tener excelentes habilidades tácticas, técnicas y una buena toma de decisiones bajo presión.

CONCACAF, La Confederación de Norte, Centroamérica y el Caribe de Fútbol. La CONCACAF es la Confederación de Fútbol de Norte, Centroamérica y el Caribe, una de las seis confederaciones continentales afiliadas a la FIFA. Fundada en 1961, la CONCACAF organiza competiciones de fútbol en la región, incluidos torneos para selecciones nacionales como la Copa Oro y para clubes como la Liga de Campeones de la CONCACAF. También supervisa las competiciones de categorías juveniles y de fútbol femenino.

La misión de la CONCACAF es promover y desarrollar el fútbol en sus 41 asociaciones miembro, desde Canadá en el norte hasta Surinam en el sur.

La organización trabaja para mejorar el nivel competitivo del fútbol en la región, aumentar la participación en el deporte y fomentar el espíritu de *fair play* y unidad a través del fútbol.

Concentración en el fútbol. La concentración en el fútbol se refiere a la habilidad de los jugadores para mantener su atención y enfoque en el juego durante todo el partido. Es crucial para el rendimiento individual y del equipo, ya que permite a los jugadores tomar decisiones rápidas y precisas, mantener la disciplina táctica, y reaccionar adecuadamente a las acciones del equipo contrario.

La concentración afecta todos los aspectos del juego, desde la ejecución de estrategias ofensivas y defensivas hasta la capacidad de anticipar y responder a los movimientos del oponente.

Una alta concentración puede ser la diferencia entre aprovechar una oportunidad de gol y cometer un error que cueste el partido. Por esta razón, entrenadores y psicólogos deportivos trabajan para desarrollar la concentración de los jugadores a través de técnicas como la visualización, la meditación y ejercicios específicos de entrenamiento mental.

Confederaciones de fútbol en el Mundo. Las confederaciones de fútbol son las organizaciones continentales que gobiernan el fútbol en diferentes partes del mundo, afiliadas a la FIFA, que es el organismo rector internacional.

Hay seis confederaciones reconocidas: la UEFA (Unión de Asociaciones Europeas de Fútbol) en Europa, la CONMEBOL (Confederación Sudamericana de Fútbol) en Sudamérica, la CONCACAF (Confederación de Norte, Centroamérica y el Caribe de Fútbol) en Norteamérica, Centroamérica y el Caribe, la CAF (Confederación Africana de Fútbol) en África, la AFC (Confederación Asiática de Fútbol) en Asia y Oceanía, y la OFC (Confederación de Fútbol de Oceanía) en Oceanía.

Estas confederaciones son responsables de organizar competiciones continentales, desarrollar el fútbol en sus regiones, y supervisar la implementación de las regulaciones de la FIFA entre sus miembros.

CONMEBOL, Confederación Sudamericana de Fútbol. La CONMEBOL es la Confederación Sudamericana de Fútbol, fundada en 1916, lo que la convierte en la confederación de fútbol más antigua del mundo. Con sede en Luque, Paraguay, la CONMEBOL está compuesta por 10 asociaciones miembro de Sudamérica. Es responsable de organizar las competiciones internacionales en el continente, incluyendo la Copa América, la Copa Libertadores y la Copa Sudamericana.

La CONMEBOL es conocida por su rica historia y ha producido algunos de los equipos y jugadores más legendarios del fútbol mundial.

La organización juega un papel crucial en el desarrollo y la promoción del fútbol sudamericano, manteniendo altos estándares de competencia y fomentando el talento en la región.

Contragolpe en fútbol. El contragolpe en fútbol es una táctica ofensiva rápida que se implementa inmediatamente después de recuperar la posesión del balón, aprovechando que el equipo contrario está desorganizado o fuera de posición. Esta estrategia busca explotar el espacio y la menor cantidad de defensores atrás, moviendo el balón rápidamente hacia la portería opuesta con pases directos y corridas veloces.

Los equipos que son efectivos en el contragolpe suelen tener jugadores rápidos y técnicamente hábiles que pueden realizar transiciones ofensivas rápidas.

El contragolpe es especialmente útil contra equipos que presionan alto en el campo, dejando espacios vacíos detrás de su línea defensiva que pueden ser explotados.

Control de balón. El control de balón es una habilidad fundamental en el fútbol y sus variantes, como el futsal, que permite a los jugadores recibir, dominar y mantener el balón bajo su posesión con eficacia. Este aspecto del juego incluye una variedad de técnicas para detener y dirigir el balón utilizando diferentes partes del cuerpo, como los pies, el pecho, los muslos y la cabeza. Un buen control de balón es esencial para realizar pases precisos, driblar oponentes, y preparar tiros a gol. Los jugadores con un excelente control pueden crear espacio y tiempo para sí mismos y para sus compañeros, influyendo significativamente en el desarrollo del juego y la estrategia del equipo.

Convocatoria en fútbol. La convocatoria en fútbol se refiere a la selección de jugadores que un entrenador elige para participar en un partido o torneo específico. Esta lista incluye a los jugadores que el entrenador considera más aptos para la estrategia de juego planificada, basándose en el estado físico, la forma actual, las habilidades técnicas y tácticas, y a veces, la experiencia.

En el caso de las selecciones nacionales, la convocatoria es un reconocimiento al rendimiento y habilidad del jugador en su club, siendo llamado a representar a su país en competiciones internacionales.

La convocatoria puede variar de un partido a otro, y los jugadores no seleccionados pueden trabajar para mejorar su rendimiento y ser considerados para futuras convocatorias.

Copa AFC. La Copa AFC es un torneo internacional de fútbol organizado por la Confederación Asiática de Fútbol (AFC) para los clubes de las naciones que son consideradas como en desarrollo dentro de la confederación.

Establecida en 2004, la competición es el segundo torneo de clubes más importante de Asia, después de la Liga de Campeones de la AFC. La Copa AFC brinda a los equipos de estas naciones la oportunidad de competir en un nivel internacional, promoviendo el desarrollo y la competitividad del fútbol en todo el continente.

Los equipos califican para la competición a través de sus respectivas ligas nacionales y copas, con el ganador del torneo a menudo obteniendo un lugar en la siguiente edición de la Liga de Campeones de la AFC.

Copa Africana de Naciones (CAN). La Copa Africana de Naciones es el principal torneo internacional de fútbol de selecciones nacionales en África, organizado por la Confederación Africana de Fútbol (CAF). Fundada en 1957, la competencia se lleva a cabo cada dos años, reuniendo a las mejores selecciones del continente para competir por el título. La CAN es un evento de gran prestigio y pasión, destacando el talento futbolístico africano y sirviendo como una vitrina para jugadores que actúan tanto en ligas locales como internacionales. A lo largo de los años, el torneo ha crecido en popularidad y calidad, convirtiéndose en un importante evento deportivo que captura la atención de aficionados de todo el mundo.

Copa América. La Copa América es el torneo internacional de fútbol más antiguo del mundo para selecciones nacionales, organizado por la CONMEBOL, la confederación sudamericana de fútbol. Iniciado en 1916, el torneo reúne a las selecciones de Sudamérica y, en ediciones recientes, ha invitado a equipos de otras confederaciones para competir. La Copa América es célebre por su rica historia y por ser un escenario donde se han forjado algunas de las mayores rivalidades del fútbol, así como por destacar el estilo de juego apasionado y técnico característico de Sudamérica. Equipos como Uruguay, Argentina y Brasil tienen un historial destacado en el torneo, contribuyendo a su prestigio y popularidad.

Copa Asiática de la AFC. La Copa Asiática es el principal torneo internacional de selecciones nacionales de fútbol en Asia, organizado por la Confederación Asiática de Fútbol (AFC). Se celebra cada cuatro años desde su inauguración en 1956 y es el segundo torneo continental más antiguo después de la Copa América. La competición reúne a las mejores selecciones nacionales de Asia para competir por el campeonato, promoviendo el desarrollo y la popularidad del fútbol en el continente.

A lo largo de los años, la Copa Asiática ha visto una creciente competitividad y ha servido como una plataforma para que los talentos asiáticos muestren sus habilidades en una etapa internacional.

Copa Confederación de la CAF. La Copa Confederación de la CAF es un torneo internacional de fútbol organizado por la Confederación Africana de Fútbol, considerado el segundo torneo de clubes más importante del continente, después de la Liga de Campeones de la CAF.

Iniciada en 2004, la competencia ofrece a los clubes africanos otra oportunidad de competir en el escenario internacional.

La Copa Confederación reúne a equipos que califican a través de sus respectivas competiciones nacionales y regionales, enfrentándose en un formato que incluye tanto fases de grupos como eliminatorias.

El torneo es una vitrina importante para los clubes africanos, proporcionando exposición internacional y la oportunidad de competir por prestigio y honor a nivel continental.

Copa del Rey de Fútbol. La Copa del Rey es una competición anual de fútbol en España, organizada por la Real Federación Española de Fútbol. Es uno de los torneos más antiguos del país, inaugurado en 1903, y participan equipos de las diversas divisiones del fútbol español, desde la Primera División hasta equipos de categorías inferiores.

La competición es conocida por su formato de eliminación directa, lo que a menudo resulta en sorpresas y eliminatorias emocionantes. Ganar la Copa del Rey es un honor prestigioso, que otorga al equipo vencedor un trofeo histórico y, en muchos casos, una plaza para competir en la UEFA Europa League la siguiente temporada.

Copa Libertadores. La Copa Libertadores, oficialmente conocida como CONMEBOL Libertadores, es el torneo internacional de clubes más prestigioso de Sudamérica, organizado por la Confederación Sudamericana de Fútbol (CONMEBOL). Fundada en 1960, la competición reúne a los mejores equipos de las ligas nacionales de Sudamérica. Conocida por su intensidad y alta competitividad, la Copa Libertadores ha sido el escenario donde se han forjado leyendas del fútbol sudamericano. El torneo es famoso por sus noches apasionantes y a menudo impredecibles, y ganarla es uno de los logros más codiciados por los clubes de la región.

Copa Oro de la CONCACAF. La Copa Oro es el principal torneo internacional de selecciones nacionales organizado por la Confederación de Norte, Centroamérica y el Caribe de Fútbol (CONCACAF). Se celebra cada dos años y reúne a las mejores selecciones de la región para competir por el título.

Desde su inicio en 1991, la Copa Oro ha servido como una vitrina para el talento futbolístico en Norteamérica, Centroamérica y el Caribe, promoviendo el desarrollo y la popularidad del fútbol en estas áreas.

Además de la gloria y el honor, el torneo ofrece a menudo una plaza en la Copa FIFA Confederaciones a su ganador.

Copa Sudamericana. La Copa Sudamericana, oficialmente conocida como CONMEBOL Sudamericana, es un torneo internacional de clubes organizado por la Confederación Sudamericana de Fútbol (CONMEBOL). Iniciada en 2002, es considerada la segunda competición de clubes más importante de Sudamérica después de la Copa Libertadores.

El torneo reúne a equipos de toda la región, ofreciendo una plataforma para que los clubes muestren su calidad en el escenario continental. Ganar la Copa Sudamericana es un logro prestigioso que brinda reconocimiento internacional y una oportunidad para competir en la Recopa Sudamericana contra el campeón de la Copa Libertadores.

Córner o saque de esquina. El córner o saque de esquina en fútbol se concede cuando el balón sale por la línea de fondo después de ser tocado por último por un jugador del equipo defensor. El saque se realiza desde el cuadrante más cercano a donde el balón salió del campo, y es una oportunidad para que el equipo atacante envíe el balón al área penal y cree una situación de gol.

Los saques de esquina son momentos críticos que pueden ser aprovechados mediante el uso de tácticas preestablecidas, como jugadas ensayadas, para desorganizar a la defensa contraria.Los jugadores a menudo buscan cabecear o rematar el balón hacia la portería, mientras que la defensa y el portero intentan despejar el peligro.

D

Defensa central en fútbol. El defensa central en fútbol es un jugador cuya posición está en el corazón de la defensa, justo delante de la portería propia. Su principal responsabilidad es detener a los atacantes del equipo contrario, interceptar pases, y despejar el balón lejos del área peligrosa.

Los defensas centrales deben tener una buena comprensión táctica del juego, fuerza física, habilidades en el juego aéreo y la capacidad de realizar entradas precisas. A menudo, forman la última línea de defensores antes del portero y trabajan en pareja para cubrir el área central del campo, comunicándose y apoyándose mutuamente para prevenir oportunidades de gol del equipo rival.

Defensa de cobertura en fútbol. La defensa de cobertura en fútbol es una táctica defensiva donde un jugador proporciona soporte detrás de un compañero de equipo que está comprometido en una acción defensiva, como marcar a un oponente o disputar un balón.

El objetivo de la cobertura es prevenir que el equipo contrario aproveche el espacio dejado por el defensor que sale a interceptar o marcar.

Esta táctica asegura que, si el primer defensor es superado, hay un segundo jugador listo para intervenir y detener el avance del ataque. La defensa de cobertura es fundamental para mantener la solidez defensiva y minimizar los riesgos de ser superados por jugadas individuales o colectivas del equipo adversario.

Defensa en fútbol. La defensa en fútbol se refiere a las estrategias y tácticas empleadas por un equipo para prevenir que el equipo contrario marque goles.incluye la organización y el trabajo de los defensores, así como de los centrocampistas defensivos, y en ocasiones, de todo el equipo, incluyendo a los delanteros, en tareas defensivas.

La defensa eficaz requiere comunicación, coordinación, y comprensión táctica entre los jugadores para formar un bloque compacto que puede resistir los ataques, interceptar pases, y recuperar la posesión del balón. Las tácticas defensivas pueden variar desde la presión alta, donde se busca recuperar el balón en la zona ofensiva del campo, hasta la defensa en bloque bajo, cerca de la propia área penal.

Defensa zonal en fútbol. La defensa zonal es un sistema defensivo en el cual los jugadores son asignados a cubrir áreas específicas del campo en lugar de marcar a un jugador oponente específico.

Este método se basa en la responsabilidad colectiva, donde cada jugador defiende un sector del campo y se ocupa de los atacantes que entran en esa zona.

La defensa zonal requiere una buena organización y comunicación entre los jugadores para asegurar que todas las áreas estén cubiertas y para evitar la duplicación de esfuerzos o dejar espacios sin marcar. Es especialmente común en situaciones de balón parado, como saques de esquina o tiros libres, pero también se puede aplicar durante el juego abierto para mantener una estructura defensiva sólida.

Delantero centro o nueve clásico en el fútbol.

El delantero centro, también conocido como nueve clásico, es un jugador que ocupa la posición más avanzada en el ataque de un equipo de fútbol. Este tipo de delantero se caracteriza por su habilidad para marcar goles, utilizando tanto el juego aéreo como remates dentro del área.

Los nueves clásicos son físicamente fuertes, capaces de mantener el balón bajo presión y excelentes en el juego de espaldas a la portería, permitiéndoles servir como un punto de referencia para su equipo. Su principal objetivo es finalizar las jugadas, ya sea convirtiendo pases de sus compañeros en goles o aprovechando rebotes y errores de la defensa contraria.

Este tipo de delantero juega un papel crucial en el área penal, donde su instinto goleador y su capacidad para posicionarse adecuadamente les permiten encontrar oportunidades de gol.

Los nueves clásicos suelen ser el último toque en las jugadas ofensivas, y su presencia en el campo es fundamental para equipos que se centran en centros al área y juego directo.

Delantero de apoyo o enlace. El delantero de apoyo o enlace, a menudo ubicado detrás del delantero principal, juega un papel vital en conectar el mediocampo con el ataque. Este jugador combina las habilidades de un mediocampista creativo con las de un delantero, siendo responsable tanto de crear oportunidades de gol como de marcar.

Los delanteros de apoyo son técnicamente dotados, con una excelente visión de juego, habilidad para realizar pases decisivos y capacidad para retener el balón bajo presión. Además, poseen un buen disparo de media distancia y una lectura inteligente del juego, lo que les permite encontrar espacios en las defensas rivales. Su versatilidad les permite caer a zonas más retrasadas del campo para recoger el balón, arrastrar a los defensores fuera de posición y abrir espacios para otros atacantes.

Este tipo de delantero es crucial para equipos que prefieren un juego más elaborado, ofreciendo una opción adicional de pase y aumentando la amenaza ofensiva desde segunda línea.

Delantero en fútbol. El delantero en fútbol es el jugador principal encargado de marcar goles y crear situaciones de peligro en el área contraria. Esta posición es una de las más destacadas en el campo, con una gran responsabilidad ofensiva.

Los delanteros pueden variar en tipo, desde el nueve clásico, que se enfoca principalmente en la finalización, hasta delanteros más versátiles que participan en la creación de jugadas.

Un buen delantero posee velocidad, habilidad para driblar, precisión en el remate, y una excelente capacidad de anticipación y posicionamiento para explotar las debilidades de la defensa contraria.

Además de sus habilidades técnicas, los delanteros deben tener un fuerte sentido del oportunismo y una mentalidad resolutiva para aprovechar cada oportunidad de gol.

La eficacia de un delantero se mide no solo por la cantidad de goles marcados, sino también por su capacidad para trabajar en equipo y adaptarse a diferentes estrategias ofensivas.

Delantero falso nueve. El delantero falso nueve es una posición táctica en el fútbol donde el jugador nominado como delantero centro no actúa como un atacante tradicional, sino que se mueve más atrás, hacia el mediocampo, para participar en la construcción del juego. Esta posición requiere de un jugador con excelentes habilidades técnicas, visión de juego, y capacidad para mantener la posesión y distribuir el balón.

Al retirarse del área penal, el falso nueve genera confusión en la defensa contraria, creando espacios que pueden ser aprovechados por otros atacantes que se incorporan desde segunda línea.

Este rol se popularizó en el fútbol moderno como una estrategia para desestabilizar a equipos que utilizan una marcación zonal estricta.

El falso nueve es una figura clave en equipos que prefieren un estilo de juego de posesión y buscan variar su ataque mediante la movilidad y la inteligencia táctica, en lugar de depender de un delantero centro tradicional.

Delantero móvil o dinámico. El delantero móvil o dinámico se caracteriza por su capacidad para moverse constantemente por todo el frente de ataque, utilizando su velocidad y agilidad para desmarcarse de los defensores.

A diferencia del nueve clásico, que puede tener un juego más estático y focalizado en el área, el delantero móvil busca activamente recibir el balón en situaciones ventajosas, aprovechando su capacidad de aceleración y su habilidad para realizar cambios rápidos de dirección.

Este tipo de delantero es esencial para equipos que emplean tácticas de presión alta y contraataque rápido, ya que su movilidad permite explotar los espacios dejados por la defensa contraria.

Además, su capacidad para participar en la creación de jugadas y asumir roles tanto de finalización como de asistencia aumenta la imprevisibilidad del ataque.

La presencia de un delantero móvil en el campo obliga a las defensas rivales a adaptar constantemente su estrategia, lo que puede generar desorganización y ofrecer oportunidades adicionales para el equipo atacante.

Delegados de campo en el fútbol. Los delegados de campo en el fútbol son figuras esenciales dentro de la organización de un partido, actuando como representantes oficiales del equipo local ante la federación, el equipo visitante y los árbitros. Su rol incluye asegurar que todas las instalaciones y condiciones del estadio cumplan con los reglamentos establecidos, gestionar la logística relacionada con el partido, y facilitar la comunicación entre los diferentes actores involucrados en el evento.

Los delegados de campo son responsables de la supervisión de las áreas de juego, vestuarios, y demás instalaciones para garantizar que se encuentren en condiciones óptimas. Además, deben asegurarse de que se respeten las normativas de seguridad y bienestar para jugadores, oficiales, y espectadores, contribuyendo así al correcto desarrollo del encuentro deportivo.

Delegado del club. El delegado del club en el fútbol es un representante designado por el club para actuar como enlace entre el equipo y las autoridades de la competición, incluyendo la federación y los árbitros. Sus responsabilidades abarcan desde la organización logística de los partidos, como la presentación de las alineaciones y el cumplimiento de los requisitos administrativos, hasta la gestión de cualquier incidencia que pueda surgir antes, durante, o después del partido.

El delegado del club juega un papel crucial en asegurar que el equipo cumpla con todas las regulaciones y procedimientos establecidos, facilitando la comunicación y contribuyendo al buen desarrollo del encuentro.

Descenso en fútbol. El descenso en fútbol se refiere al proceso por el cual un equipo es relegado a una división inferior como resultado de su rendimiento durante la temporada. En la mayoría de las ligas, los equipos que terminan en las últimas posiciones de la tabla al final de la temporada descienden a la categoría inferior, mientras que son reemplazados por los equipos mejor clasificados de dicha división. El sistema de ascenso y descenso promueve la competitividad y el mérito deportivo, ya que incentiva a los equipos a mejorar su rendimiento para evitar la caída a una categoría menor, que puede tener implicaciones financieras, de prestigio y de afición.

Desmarque en fútbol. El desmarque en fútbol es una acción ofensiva realizada por un jugador para librarse de la marcación de un oponente y crear una opción de pase para un compañero. Consiste en un movimiento táctico, ya sea con o sin balón, para generar espacio y recibir el balón en condiciones ventajosas.

Hay diversos tipos de desmarques, como el desmarque de ruptura, que busca penetrar la defensa con movimientos verticales, o el desmarque de apoyo, orientado a ofrecer una opción de pase cercana.

Esta maniobra requiere una buena comprensión y coordinación entre los jugadores, así como una excelente lectura del juego para identificar y explotar los espacios en la defensa contraria.

Despeje en fútbol. El despeje en fútbol es una acción defensiva utilizada por los jugadores para alejar el balón de su área de peligro, generalmente hacia una zona del campo donde no represente una amenaza inmediata para su equipo.

Los despejes pueden realizarse con cualquier parte del cuerpo permitida por las reglas (principalmente con el pie, pero también con la cabeza), y son especialmente comunes durante situaciones de presión intensa por parte del equipo contrario. Esta técnica es fundamental para interrumpir ataques enemigos y evitar oportunidades de gol, siendo una habilidad esencial para defensores y porteros.

Un buen despeje no solo elimina el peligro, sino que también puede iniciar un contraataque, transformando una situación defensiva en una oportunidad ofensiva.

Dieta para futbolistas. La dieta para futbolistas es esencial para optimizar su rendimiento, recuperación y salud general. Debe ser equilibrada y adaptada a las necesidades energéticas y nutricionales específicas del deportista, teniendo en cuenta la intensidad y la duración de los entrenamientos y partidos.

Una dieta ideal incluye un alto contenido de carbohidratos complejos (como cereales integrales, pasta, arroz y patatas) para asegurar una fuente de energía sostenida; proteínas magras (como pollo, pescado, tofu y legumbres) para la reparación y crecimiento muscular; y grasas saludables (como las encontradas en el aguacate, frutos secos y aceite de oliva) para el mantenimiento de la salud general. Además, la hidratación juega un papel crítico, y se deben consumir suficientes líquidos antes, durante y después del ejercicio. Los futbolistas también deben incluir una variedad de frutas y verduras para asegurar una ingesta adecuada de vitaminas, minerales y antioxidantes, fundamentales para la recuperación muscular y la reducción del riesgo de lesiones.

División de Honor Juvenil de España. La División de Honor Juvenil es la máxima categoría del fútbol juvenil en España, organizada por la Real Federación Española de Fútbol.

Esta competición reúne a los mejores equipos juveniles del país, divididos en varios grupos geográficos para disputar el campeonato. Los jugadores que participan en esta liga suelen tener entre 16 y 19 años de edad.

La División de Honor Juvenil es vista como una etapa crucial en el desarrollo de futbolistas jóvenes en España, proporcionando una plataforma para que los talentos emergentes demuestren sus habilidades en un entorno competitivo.

Muchos jugadores destacados de esta división han progresado para tener carreras profesionales exitosas, tanto en la Liga española como en clubes internacionales.

Dominio del balón en el fútbol. El dominio del balón es una habilidad fundamental en el fútbol que permite a los jugadores controlar y manejar el balón con eficacia bajo diferentes situaciones de juego. Incluye técnicas como el control del balón con los pies, el pecho, la cabeza y otras partes del cuerpo para recibir, detener y dirigir el balón de manera precisa.

Un buen dominio del balón es esencial para realizar pases precisos, driblar a los oponentes, y ejecutar disparos a gol con éxito.

Esta habilidad mejora con la práctica constante y se considera una base para el desarrollo de técnicas más avanzadas en el fútbol.

Los entrenadores a menudo incluyen ejercicios específicos en las sesiones de entrenamiento para mejorar el dominio del balón de los jugadores, enfocándose en la precisión, la velocidad y la adaptabilidad a diferentes situaciones de juego.

Drible en fútbol. El drible en fútbol es una técnica que involucra el manejo del balón para eludir a los oponentes sin perder la posesión. Es una habilidad ofensiva clave que permite a los jugadores avanzar en el campo, crear oportunidades de gol y mantener el control del juego. Un buen drible no solo requiere agilidad y velocidad, sino también visión de juego para anticipar los movimientos del defensor y tomar decisiones rápidas.

Existen varios tipos de dribles, desde los más simples, como el cambio de dirección, hasta movimientos más complejos y creativos, diseñados para superar a uno o más oponentes.

El éxito del drible depende de la habilidad técnica del jugador, así como de su capacidad para leer el juego y reaccionar adecuadamente a la presión defensiva.

E

Ejercicios para entrenamiento en fútbol. Los ejercicios para entrenamiento en fútbol están diseñados para mejorar las habilidades técnicas, tácticas, físicas y psicológicas de los jugadores. Estos incluyen ejercicios de dominio del balón, pases, tiros a gol, ejercicios tácticos para entender mejor el juego en equipo, así como ejercicios de fuerza, velocidad y resistencia.

Los entrenamientos deben ser variados y específicos para las demandas del fútbol, incluyendo también ejercicios de recuperación y prevención de lesiones. Los ejercicios de agilidad y coordinación son fundamentales para mejorar la capacidad de los jugadores para realizar cambios rápidos de dirección y velocidad. Además, los ejercicios psicológicos pueden ayudar a mejorar la concentración, la toma de decisiones bajo presión y la cohesión del equipo.

La combinación equilibrada de todos estos aspectos en el entrenamiento es crucial para el desarrollo integral de cualquier futbolista.

El entrenamiento en Fútbol. El entrenamiento en fútbol es un proceso planificado y sistemático destinado a mejorar el rendimiento físico, técnico, táctico y psicológico de los jugadores y equipos. Incluye una amplia gama de actividades, desde ejercicios específicos para desarrollar habilidades individuales como el control del balón, el pase, el tiro, y el *dribling*, hasta sesiones tácticas destinadas a mejorar la comprensión de los jugadores sobre formaciones, estrategias de juego y toma de decisiones en el campo.

El entrenamiento físico se enfoca en mejorar la fuerza, la velocidad, la resistencia y la flexibilidad, elementos cruciales para el rendimiento durante los 90 minutos de juego. Además, aspectos psicológicos como la concentración, la motivación y la cohesión del equipo son abordados para optimizar el bienestar y la eficacia de los jugadores dentro y fuera del campo.

Un programa de entrenamiento efectivo requiere una evaluación continua del progreso del jugador y del equipo, así como la adaptación a las necesidades específicas y los objetivos a corto y largo plazo, siendo fundamental la figura del entrenador para guiar y motivar a los jugadores hacia el éxito.

Empate en el fútbol. El empate en el fútbol ocurre cuando dos equipos finalizan un partido con la misma cantidad de goles, resultando en una distribución equitativa de puntos en competiciones de liga o necesitando métodos adicionales para determinar un ganador en torneos eliminatorios. Este resultado puede reflejar un equilibrio en el rendimiento de ambos equipos durante el juego, aunque las circunstancias del empate pueden variar, desde partidos sin goles (0–0) hasta encuentros con altos marcadores por ambas partes.

En competiciones de liga, el empate otorga un punto a cada equipo, mientras que, en fases eliminatorias de torneos, puede conducir a tiempos extra o penales si es necesario decidir un ganador.

Los empates son parte integral del fútbol y pueden tener impactos significativos en las tablas de clasificación y en la progresión de los equipos en diferentes competiciones, reflejando la competitividad y la paridad dentro del deporte.

Enganche. El enganche en el fútbol se refiere a un jugador, usualmente ubicado en el medio campo ofensivo, cuya función principal es ser el nexo creativo entre el medio campo y los delanteros. Este rol es caracterizado por jugadores con alta habilidad técnica, visión de juego, capacidad para realizar pases decisivos y, a menudo, habilidad para marcar goles.

El enganche es esencial en equipos que buscan mantener la posesión y construir ataques a través de juego elaborado, ofreciendo soluciones creativas contra defensas organizadas. Su posición en el campo les permite recibir el balón en espacios reducidos, girar hacia el arco contrario y distribuir el juego hacia las alas o directamente hacia los delanteros.

La efectividad de un enganche depende de su entendimiento con los compañeros de equipo y su capacidad para leer el juego, anticipando movimientos defensivos y encontrando espacios para explotar.

Aunque el rol tradicional del enganche ha evolucionado con el fútbol moderno, su importancia en la generación de oportunidades de gol sigue siendo valorada en equipos que privilegian el control del juego y la creatividad.

Entrenador. El entrenador en el fútbol es la figura responsable de dirigir, preparar y motivar a un equipo, tanto en los entrenamientos como durante los partidos. Su papel incluye la planificación de las sesiones de entrenamiento, la selección del equipo, la táctica a seguir en los encuentros y la toma de decisiones críticas durante los juegos, como cambios de jugadores y ajustes estratégicos.

Los entrenadores deben poseer un profundo conocimiento del juego, habilidades de liderazgo y la capacidad para comunicarse efectivamente con los jugadores y el personal técnico. Además de las responsabilidades tácticas y técnicas, los entrenadores juegan un papel crucial en el desarrollo psicológico de los jugadores, fomentando un ambiente de equipo positivo y manejando las dinámicas del grupo. El éxito de un entrenador se mide no solo por los resultados obtenidos, sino también por el progreso y desarrollo de los jugadores bajo su guía y la capacidad para adaptarse y superar los desafíos que presenta el competitivo mundo del fútbol.

Entrenamiento de porteros. El entrenamiento de porteros en el fútbol es un proceso especializado y meticulosamente diseñado para desarrollar las habilidades y capacidades específicas requeridas por los guardametas. A diferencia de los jugadores de campo, los porteros necesitan un conjunto único de entrenamientos que se centran en mejorar la agilidad, los reflejos, la toma de decisiones bajo presión, el manejo del balón con las manos y los pies, y la capacidad de leer el juego desde una perspectiva defensiva. Los ejercicios específicos incluyen trabajos sobre la técnica de paradas, posicionamiento en el arco, salida en balones aéreos, distribución del balón, y comunicación efectiva con la defensa. Además, el entrenamiento mental juega un papel crucial, ya que los porteros deben manejar la presión de ser la última línea de defensa. La preparación física es también intensa, con un enfoque en la flexibilidad, la fuerza y la resistencia para soportar los esfuerzos del partido y reducir el riesgo de lesiones. Este entrenamiento especializado es fundamental para el desarrollo de porteros competentes, capaces de realizar intervenciones decisivas que pueden cambiar el resultado de un partido.

Escuelas de fútbol. Las escuelas de fútbol son instituciones dedicadas a la enseñanza y el desarrollo de jóvenes futbolistas, proporcionando una base técnica, táctica, física y psicológica en el deporte. Estas escuelas juegan un papel crucial en el descubrimiento y formación de talentos desde edades tempranas, ofreciendo un entorno estructurado donde los niños y adolescentes pueden aprender los fundamentos del fútbol, desarrollar sus habilidades y fomentar su pasión por el juego.

Además de la instrucción en habilidades futbolísticas, las escuelas de fútbol suelen enfatizar la importancia de la educación, la disciplina, el trabajo en equipo, y el respeto por los demás.

A través de entrenamientos regulares, partidos y torneos, los jóvenes jugadores tienen la oportunidad de aplicar lo aprendido y medirse con sus pares, facilitando su desarrollo integral como futbolistas.

Estas instituciones varían en tamaño y alcance, desde pequeñas academias locales hasta complejos de entrenamiento afiliados a clubes profesionales, contribuyendo significativamente al ecosistema futbolístico y al surgimiento de nuevas generaciones de talentos.

Estadio. Un estadio de fútbol es una instalación deportiva diseñada específicamente para albergar partidos de fútbol, siendo el escenario donde equipos y aficionados se reúnen para vivir la pasión del deporte.

Los estadios varían en capacidad, desde pequeñas canchas locales hasta colosales arenas que pueden albergar decenas de miles de espectadores. Además de las áreas de juego, estos complejos incluyen tribunas para los aficionados, vestuarios para los equipos, instalaciones para la prensa y, a menudo, servicios adicionales como tiendas y restaurantes.

El diseño y la arquitectura de los estadios de fútbol buscan maximizar la visibilidad del campo para los espectadores, garantizar la seguridad y comodidad de los asistentes, y crear un ambiente vibrante que potencie la experiencia del partido. Algunos estadios se han convertido en icónicos, no solo por su arquitectura sino también por su historia y la atmósfera que generan durante los encuentros, siendo considerados lugares de peregrinación para los aficionados del fútbol a nivel mundial.

Eurocopa. La Eurocopa, oficialmente conocida como el Campeonato Europeo de la UEFA, es uno de los torneos internacionales de fútbol más prestigiosos y competitivos, disputado por las selecciones nacionales de Europa.

Celebrado cada cuatro años, el torneo reúne a los mejores equipos del continente en una competencia que combina fases de clasificación y un torneo final en el que se corona al campeón europeo.

Desde su inauguración en 1960, la Eurocopa ha crecido en popularidad y estatura, convirtiéndose en un escaparate para el talento futbolístico, la pasión de los aficionados y la unidad a través del deporte en Europa.

La competición ha sido testigo de momentos históricos, actuaciones legendarias y ha contribuido al desarrollo y promoción del fútbol europeo.

Además de su significado deportivo, la Eurocopa tiene un gran impacto cultural y social, fomentando el intercambio entre las distintas naciones y celebrando la diversidad a través del amor compartido por el fútbol.

Extremos en el fútbol. Los extremos en el fútbol son jugadores que ocupan las posiciones más avanzadas por los flancos del campo, siendo fundamentales en la creación de oportunidades de ataque y en la amplitud del juego.

Estos jugadores se caracterizan por su velocidad, habilidad para driblar y enfrentarse uno a uno con los defensores, capacidad para enviar centros precisos al área, y la versatilidad para marcar goles. Los extremos juegan un papel crucial en desequilibrar las defensas rivales, explotando los espacios en las bandas y creando situaciones de ventaja numérica en el ataque. Su trabajo no se limita al aspecto ofensivo; también se espera que contribuyan en la recuperación del balón y las tareas defensivas, especialmente en el seguimiento de los laterales adversarios.

En el fútbol moderno, la importancia de los extremos ha crecido significativamente, convirtiéndose en una de las posiciones más dinámicas y espectaculares, capaces de cambiar el curso de un partido con acciones individuales.

Extremo o ala en el fútbol moderno. En el fútbol moderno, el extremo o ala es un jugador que actúa en las bandas del campo, siendo esencial para la estrategia ofensiva del equipo. Esta posición requiere jugadores con gran velocidad, habilidad para el *dribling,* y la capacidad de realizar centros precisos o cortar hacia el interior para finalizar las jugadas.

Los extremos modernos son conocidos por su dinamismo, capaces de desbordar defensas con su agilidad y técnica individual. Su rol ha evolucionado con el tiempo, pasando de ser meros proveedores de asistencias a convertirse en goleadores prolíficos. Además, se espera que los extremos contribuyan en la recuperación del balón, mostrando un compromiso defensivo cuando el equipo no tiene la posesión. La flexibilidad táctica que ofrecen ha hecho que su presencia sea vital en los esquemas de juego contemporáneos, permitiendo a los entrenadores adaptar sus estrategias según el rival.

La figura del extremo o ala en el fútbol moderno simboliza la combinación de creatividad, velocidad y precisión, siendo protagonistas clave en el desarrollo del juego ofensivo.

F

Falta. La falta en el fútbol es una infracción a las reglas del juego cometida por un jugador hacia un oponente durante el desarrollo del partido. Las faltas son sancionadas por el árbitro y pueden variar desde acciones menores, como sujetar o empujar, hasta faltas más graves que implican entradas peligrosas con riesgo de lesión. Dependiendo de la severidad y la intención, las faltas pueden resultar en la concesión de un tiro libre directo o indirecto para el equipo afectado, o incluso en la asignación de un penalti si la falta ocurre dentro del área penalti. Además, el jugador que comete la falta puede ser amonestado con una tarjeta amarilla o expulsado del partido con una tarjeta roja, según el criterio del árbitro. Las faltas juegan un papel crucial en el fútbol, ya que su interpretación y sanción pueden influir significativamente en el desarrollo y el resultado del juego, requiriendo que los árbitros mantengan un equilibrio entre el control del partido y la fluidez del juego.

Fichajes. Los fichajes en el fútbol se refieren al proceso de transferencia de jugadores entre clubes. Esta práctica es fundamental para la dinámica del deporte profesional, permitiendo a los equipos reforzar sus plantillas con nuevos talentos o cubrir necesidades específicas en sus alineaciones. Los fichajes pueden realizarse durante los periodos de transferencia establecidos por las federaciones y ligas, conocidos como ventanas de transferencia, generalmente en verano y enero.

Estas operaciones implican negociaciones entre clubes por los derechos del jugador, que pueden incluir tasas de transferencia, acuerdos salariales y contratos de duración determinada. Los fichajes son una parte esencial de la estrategia deportiva y financiera de los clubes, influyendo significativamente en su competitividad y balance económico. El mercado de fichajes atrae una gran atención mediática, generando expectativas entre los aficionados y especulaciones en el entorno futbolístico.

Ficha federativa. La ficha federativa es un documento oficial que acredita la inscripción de un jugador en una federación de fútbol y su afiliación a un club específico para competir en eventos y ligas organizadas bajo el auspicio de dicha federación. Esta ficha es indispensable para la participación en competiciones oficiales, asegurando que el jugador cumpla con los requisitos reglamentarios, como la edad, categoría y elegibilidad para jugar. La ficha federativa también sirve para controlar las transferencias de jugadores entre clubes, manteniendo un registro de sus movimientos y garantizando el cumplimiento de las normas de inscripción. Su gestión es crucial para la integridad de las competiciones, evitando la participación no autorizada de jugadores y asegurando la transparencia y equidad en el deporte.

FIFA. La FIFA (Federación Internacional de Fútbol Asociación) es el organismo rector mundial del fútbol, futsal y fútbol playa. Fundada en 1904, su objetivo es gobernar el fútbol a nivel internacional, promoviendo su desarrollo y organizando competiciones emblemáticas como la Copa Mundial de la FIFA.

Compuesta por federaciones miembros de diferentes países, la FIFA establece las reglas del juego, sanciona torneos internacionales y trabaja para el desarrollo del fútbol a través de programas de formación, infraestructura y asistencia técnica. Además, la FIFA desempeña un papel crucial en la promoción de la integridad, el fair play y la lucha contra el racismo en el fútbol. Su influencia se extiende más allá de lo deportivo, contribuyendo al impacto social y cultural del fútbol en todo el mundo.

Finta en fútbol. La finta en el fútbol es una técnica utilizada por los jugadores para engañar a un oponente mediante movimientos corporales o con el balón, creando espacio para avanzar, pasar o disparar. Este recurso táctico implica simular una acción para desorientar al rival, como un cambio de dirección o un pase inexistente, permitiendo al jugador ganar ventaja en situaciones de uno contra uno.

Las fintas requieren habilidad técnica, rapidez y un buen sentido de la anticipación, siendo fundamentales en el repertorio de jugadores ofensivos para superar la defensa contraria. La efectividad de una finta depende del *timing,* la creatividad y la capacidad del jugador para leer el juego y reaccionar ante la respuesta del adversario. Las fintas enriquecen el espectáculo futbolístico, demostrando la destreza individual y el ingenio táctico de los jugadores.

Formación 3-4-3. La formación 3-4-3 en el fútbol es un esquema táctico que prioriza el equilibrio entre defensa y ataque, con una clara intención ofensiva.

Este sistema dispone de tres defensas centrales, cuatro centrocampistas (dos en el centro y dos más adelantados en las bandas) y tres delanteros. La flexibilidad de esta formación permite adaptaciones dinámicas en el juego, facilitando una presión alta y una rápida transición ofensiva. Los equipos que utilizan el 3-4-3 buscan aprovechar la amplitud del campo, con los laterales volcados en ataque para ofrecer superioridad numérica en la zona ofensiva. Defensivamente, el equipo debe ser compacto y coordinado para evitar ser superado por el número en contraataques.

Este sistema exige jugadores versátiles, capaces de cumplir con exigencias defensivas y ofensivas, así como una alta capacidad de organización y entendimiento táctico entre los integrantes del equipo.

Formación 3-5-2. La formación 3-5-2 se caracteriza por su solidez defensiva y su capacidad para controlar el mediocampo, ofreciendo varias opciones ofensivas.

Con tres defensas centrales, cinco centrocampistas (dos alas que funcionan como laterales ofensivos y tres en el centro, usualmente con un esquema de un defensivo y dos ofensivos o creativos) y dos delanteros, esta formación proporciona un equilibrio entre defensa y ataque.

La clave del 3-5-2 es la versatilidad de los jugadores de banda, que deben combinar tareas defensivas con incursiones ofensivas, y la solidez de los centrocampistas para dominar la posesión y distribuir el juego. Los equipos que emplean este sistema buscan aprovechar la superioridad numérica en el mediocampo para controlar el ritmo del partido y crear oportunidades de gol mediante la posesión y la amplitud. Defensivamente, la presencia de tres centrales ofrece una mayor cobertura y seguridad ante ataques rivales.

Formación 4-2-3-1. La formación 4-2-3-1 es ampliamente utilizada por su flexibilidad y equilibrio, permitiendo una sólida defensa y un ataque efectivo. Consta de cuatro defensores, dos mediocampistas defensivos, tres mediapuntas (dos extremos y un enganche o mediapunta central) y un delantero centro. Este esquema táctico facilita el control del mediocampo, con los dos mediocampistas defensivos brindando protección a la defensa y apoyo a los tres mediapuntas, quienes a su vez crean oportunidades de gol y abastecen al delantero centro. La formación 4-2-3-1 es apreciada por su adaptabilidad a distintas fases del juego, permitiendo una transición fluida entre defensa y ataque, y ofreciendo múltiples vías para penetrar la defensa rival a través de la posesión, la velocidad y la creatividad.

Formación 4-3-3. El esquema táctico 4-3-3 enfatiza el juego ofensivo, distribuyendo a los jugadores en cuatro defensas, tres centrocampistas y tres delanteros. Esta formación es ideal para equipos que prefieren mantener la posesión del balón y ejercer presión alta sobre el rival. Los tres centrocampistas suelen tener roles bien definidos: un mediocampista defensivo y dos mediocampistas más ofensivos o *box-to-box*. Los tres delanteros se distribuyen como un centro delantero flanqueado por dos extremos, que deben combinar velocidad, habilidad en el uno contra uno y capacidad para finalizar las jugadas. El 4-3-3 requiere de laterales con buena capacidad ofensiva, capaces de sumarse al ataque y generar superioridad en las bandas. Este sistema promueve un juego dinámico y versátil, con una fuerte presencia en el mediocampo y múltiples opciones de ataque.

Formación 4-4-2. La formación 4-4-2 es uno de los sistemas tácticos más clásicos y equilibrados en el fútbol, ofreciendo una estructura sólida tanto en defensa como en ataque.

Se compone de cuatro defensores, cuatro mediocampistas (dos centrales y dos laterales) y dos delanteros. Este esquema se destaca por su simplicidad y efectividad, permitiendo una clara distribución de roles y responsabilidades. El 4-4-2 puede adaptarse a un juego de posesión o contraataque, dependiendo de las características del equipo y del plan de juego. Los mediocampistas laterales juegan un papel crucial, debiendo equilibrar sus tareas defensivas con el apoyo al ataque, mientras que la pareja de delanteros puede variar entre un atacante más físico y otro más técnico, buscando complementarse mutuamente. La formación 4-4-2 es valorada por su versatilidad, permitiendo a los equipos ajustarse rápidamente a diferentes situaciones de juego.

Fuera de juego en fútbol. El fuera de juego es una regla fundamental en el fútbol que busca evitar que los jugadores se posicionen demasiado cerca de la línea de meta adversaria más allá de la última línea defensiva (excluyendo al portero) al momento de recibir el balón.

Se marca cuando un jugador recibe el balón estando en posición adelantada, es decir, más cerca de la línea de gol contrario que tanto el balón como el penúltimo defensor, en el momento en que el balón es jugado por un compañero de equipo. Esta regla no se aplica si el jugador se encuentra en su propia mitad del campo, o si recibe el balón directamente de un saque de meta, saque de banda o saque de esquina.

El propósito de la regla del fuera de juego es fomentar el juego limpio y evitar que los jugadores simplemente esperen cerca de la portería rival para recibir un pase y marcar fácilmente, obligando a los equipos a elaborar estrategias más complejas para avanzar y anotar.

Fútbol base. El fútbol base se refiere al conjunto de categorías inferiores de un club de fútbol, destinadas a la formación y desarrollo de jóvenes talentos. Desde categorías prebenjamines hasta juveniles, el fútbol base es el fundamento sobre el cual se construyen los futuros profesionales del deporte. Los programas de fútbol base se centran no solo en mejorar las habilidades técnicas y tácticas de los jugadores, sino también en inculcar valores como el trabajo en equipo, el respeto y la disciplina. Estas categorías sirven como un sistema de progresión, donde los jóvenes pueden evolucionar y, potencialmente, ascender a equipos profesionales o semiprofesionales. Además de su importancia deportiva, el fútbol base juega un papel crucial en la socialización y el desarrollo físico de los niños y adolescentes.

Fútbol. El fútbol es un deporte de equipo jugado entre dos conjuntos de once jugadores con una pelota esférica. Es el deporte más popular del mundo, practicado en más de 200 países por millones de personas. Se juega en un campo rectangular de césped natural o artificial, con una portería en cada extremo. El objetivo del juego es marcar más goles que el adversario durante el tiempo reglamentario, que consiste en dos mitades de 45 minutos cada una.

El fútbol es más que un simple juego; es un fenómeno cultural que une a personas de diferentes edades, culturas y estratos sociales. A través de su historia, ha tenido un impacto significativo en la sociedad, influenciando en la política, las relaciones internacionales y la identidad cultural.

Futsal. El futsal, o fútbol sala, es una variante del fútbol tradicional que se juega principalmente en interiores entre dos equipos de cinco jugadores cada uno, incluyendo al portero. El juego se destaca por su rápida dinámica, superficie de juego más pequeña y balón de menor tamaño y rebote controlado, lo que promueve el desarrollo de habilidades técnicas y tácticas. Las reglas del futsal fomentan el juego fluido y desincentivan el juego físico agresivo, con partidos divididos en dos tiempos de 20 minutos con el reloj deteniéndose en cada interrupción. Esta modalidad es reconocida por la FIFA y otras organizaciones internacionales, siendo un importante impulsor del desarrollo de habilidades aplicables al fútbol tradicional.

Futsiete. También conocido como fútbol 7, es una variante del fútbol tradicional que se juega con siete jugadores en cada equipo, incluyendo al portero. Esta versión se juega en campos más pequeños que los estándares de fútbol 11, pero más grandes que los de futsal.

Futsiete combina elementos del fútbol tradicional y del futsal, promoviendo un juego rápido y técnico, con más espacio que en el futsal, lo que permite una mayor libertad táctica y desarrollo de juego. Es especialmente popular en ligas juveniles, amateur y torneos de veteranos, donde se adapta a las necesidades de espacio y tiempo de los participantes, ofreciendo una forma accesible y disfrutable de participar en el deporte.

G

Gambeta en el fútbol. La gambeta en el fútbol es una habilidad técnica que implica el uso de movimientos corporales ágiles y rápidos para eludir a uno o más adversarios sin perder el control del balón. Este recurso ofensivo es utilizado por jugadores creativos y habilidosos, quienes a través de fintas, cambios de ritmo y dirección, logran superar la marcación defensiva para crear oportunidades de ataque. La efectividad de la gambeta no solo depende de la habilidad técnica para manejar el balón, sino también de la capacidad para anticipar los movimientos del oponente y tomar decisiones rápidas bajo presión. Íconos del fútbol como Diego Maradona y Lionel Messi han elevado la gambeta a una forma de arte, demostrando cómo este elemento puede ser decisivo en el juego, inspirando a generaciones de futbolistas a desarrollar su capacidad para driblar y desequilibrar las defensas rivales.

Gol *average*. El gol *average,* o diferencia de goles, es un criterio utilizado en el fútbol para desempatar equipos que tienen igual número de puntos en una tabla de clasificación. Se calcula como la diferencia entre los goles marcados y los goles recibidos por un equipo durante una competición. En algunos casos y competiciones, se puede referir específicamente al cociente entre goles a favor y en contra. Este método proporciona una medida de la eficacia ofensiva y defensiva de un equipo, premiando no solo la capacidad para ganar partidos, sino también para hacerlo con un margen de goles favorable. En situaciones donde dos o más equipos terminan la temporada con el mismo número de puntos, el gol *average* puede determinar su posición final en la liga, afectando la clasificación para torneos internacionales, el descenso, o el campeonato.

Gol en el fútbol. Un gol es el evento más crucial en un partido de fútbol, siendo el objetivo principal del juego. Se marca cuando el balón cruza completamente la línea de gol entre los postes y bajo el travesaño, siempre que no se haya cometido una infracción previa según las reglas del juego. Cada gol cuenta como un punto y el equipo que marca más goles durante el tiempo reglamentario es declarado ganador del partido. Los goles pueden resultar de diversas jugadas, incluyendo tiros de campo, cabezazos, penales, y saques de esquina, entre otros. La habilidad para marcar goles es altamente valorada, y los delanteros, quienes son principalmente responsables de anotar, son a menudo las estrellas de los equipos. La emoción de marcar un gol y la habilidad involucrada en su ejecución son elementos centrales que contribuyen a la pasión global por el fútbol.

Gol en propia puerta. Un gol en propia puerta ocurre cuando un jugador introduce el balón en su propia meta, resultando en un punto a favor del equipo contrario. Este tipo de gol suele ser accidental, surgiendo de intentos fallidos de despejar el balón o malentendidos defensivos. Aunque marcar en propia puerta es desafortunado y puede tener un impacto significativo en el resultado de un partido, se trata con la misma validez que cualquier otro gol por las reglas del juego. Los goles en propia puerta reflejan la importancia de la comunicación y el entendimiento entre los jugadores y el portero en situaciones defensivas, siendo un aspecto del juego que los equipos buscan minimizar a través del entrenamiento y la táctica.

Gol olímpico. Un gol olímpico se produce cuando un jugador marca directamente desde un saque de esquina, sin que el balón toque a otro jugador antes de entrar en la portería. Este tipo de gol es raro y altamente valorado debido a la dificultad técnica y precisión requeridas para ejecutarlo.

La denominación "gol olímpico" proviene de la creencia popular de que el primer gol de esta naturaleza fue anotado durante los Juegos Olímpicos, aunque el término se popularizó realmente después de un gol marcado por Cesáreo Onzari contra la selección de Uruguay en 1924, justo después de que Uruguay ganara la medalla de oro en los Juegos Olímpicos.

Marcar un gol olímpico es un logro destacado para cualquier jugador, demostrando habilidad excepcional en el manejo del balón y la capacidad de sorprender tanto a defensores como al portero contrario.

Guantes de portero. Los guantes de portero son una pieza esencial del equipamiento en el fútbol, diseñados específicamente para proteger las manos del guardameta y mejorar su agarre del balón. Estos guantes están confeccionados con materiales de alta tecnología que ofrecen amortiguación contra los impactos de disparos potentes y superficies adherentes que facilitan la captura y control del balón en diversas condiciones climáticas. Además de la protección y el agarre, los guantes de portero están diseñados para ofrecer comodidad y flexibilidad, permitiendo a los porteros realizar lanzamientos precisos y defender su portería eficazmente.

Con el tiempo, los guantes de portero han evolucionado significativamente, incorporando mejoras en los materiales, el diseño y la tecnología, lo que refleja la importancia crucial del portero en el fútbol moderno.

H

Habilidad Técnica. La habilidad técnica en el fútbol se refiere al dominio de los jugadores sobre aspectos fundamentales del juego, como el control del balón, el pase, el *dribling*, el tiro, y la recepción, entre otros. Estas habilidades permiten a los jugadores ejecutar acciones con precisión y eficacia bajo presión y en diversas situaciones de juego.

La técnica individual es esencial para el desarrollo de un futbolista, ya que proporciona las herramientas necesarias para implementar tácticas de equipo, superar a los oponentes y contribuir a la estrategia de juego general. Los jugadores con alta habilidad técnica pueden crear y aprovechar oportunidades en el campo, manteniendo el control del balón incluso en espacios reducidos o bajo intensa presión defensiva. Además, una técnica refinada mejora la confianza del jugador, permitiéndole contribuir de manera más efectiva al esfuerzo colectivo del equipo.

El desarrollo de la habilidad técnica es un proceso continuo que comienza en las etapas de formación de un jugador y se extiende a lo largo de su carrera profesional, siendo fundamental para su éxito y longevidad en el deporte.

Hat-Trick. Un *hat-trick* ocurre en el fútbol cuando un jugador marca tres goles en un solo partido. Este logro es celebrado como una hazaña significativa debido a la dificultad de anotar múltiples veces en el transcurso de un encuentro.

Los *hat-tricks* pueden ser particularmente decisivos en el resultado de un partido, dcstacando la habilidad y la eficacia ofensiva del jugador. Dependiendo del contexto, se pueden hacer distinciones adicionales, como el *"hat-trick* perfecto", que implica marcar un gol con el pie izquierdo, uno con el derecho y otro de cabeza. Los jugadores que logran un *hat-trick* suelen recibir el balón del partido como recuerdo de su logro, y este evento a menudo se convierte en un punto culminante de su carrera profesional.

Hinchadas en el fútbol. Las hinchadas en el fútbol son grupos de aficionados que brindan apoyo incondicional a su equipo, tanto en los partidos de local como de visitante. Estos seguidores son conocidos por su pasión y lealtad, creando un ambiente vibrante en los estadios a través de cantos, banderas y tifos. La presencia de las hinchadas puede influir significativamente en el ánimo de un partido, proporcionando un "duodécimo jugador" que alienta al equipo y a veces incluso intimidando al rival. Sin embargo, la pasión de las hinchadas también puede llevar a rivalidades intensas y, en ocasiones, a comportamientos problemáticos. La cultura de las hinchadas es un componente vital del fútbol, reflejando la conexión profunda entre los equipos y sus comunidades.

Hooligans. Los *hooligans* son seguidores del fútbol que están asociados con el comportamiento violento y desordenado, a menudo involucrándose en enfrentamientos con aficionados rivales o con las fuerzas del orden. Aunque son una minoría dentro de las aficiones, su impacto en la percepción pública del fútbol puede ser significativo, llevando a la implementación de medidas de seguridad más estrictas en los estadios y en sus alrededores. El fenómeno del "hooliganismo" ha motivado a las federaciones de fútbol, clubes y autoridades gubernamentales a trabajar conjuntamente para crear entornos seguros para los aficionados y reducir la incidencia de violencia relacionada con el fútbol.

Infantil en el fútbol. La categoría infantil en el fútbol se refiere a la división de jugadores jóvenes, generalmente de edades comprendidas entre los 12 y 14 años. Este nivel juega un papel crucial en el desarrollo futbolístico, enfocándose en la enseñanza de habilidades técnicas, tácticas y la comprensión del juego en un ambiente competitivo pero educativo.

Los entrenadores en esta categoría a menudo se concentran en fomentar el amor por el juego, el trabajo en equipo y la deportividad, además de desarrollar las capacidades individuales de los jugadores. Participar en la categoría infantil puede ser un paso importante en la carrera de un joven futbolista, proporcionando una base sólida sobre la cual construir su desarrollo futuro en el deporte.

Infracciones. En el fútbol, las infracciones son acciones que violan las reglas del juego, resultando en sanciones aplicadas por el árbitro. Estas pueden incluir faltas cometidas contra los jugadores adversarios, como entradas peligrosas, empujones, golpes o el manejo intencional del balón con las manos (excepto por el portero dentro de su propia área).

Las infracciones se sancionan con tiros libres directos o indirectos y penaltis, dependiendo de la naturaleza y la ubicación de la falta. Las infracciones también pueden llevar a la amonestación del jugador con una tarjeta amarilla o su expulsión del partido con una tarjeta roja, en casos de faltas graves o conducta antideportiva. El seguimiento y sanción de las infracciones son esenciales para mantener el juego limpio y la seguridad de los jugadores en el campo.

Inteligencia Táctica. La inteligencia táctica en el fútbol se refiere a la capacidad de un jugador para tomar decisiones adecuadas en el campo de juego, anticipándose a las acciones del equipo contrario y aplicando la estrategia de su propio equipo de manera efectiva. Esta habilidad comprende el entendimiento del jugador sobre cuándo y dónde moverse, cuándo retener o pasar el balón, cómo posicionar su cuerpo para ventaja defensiva u ofensiva, y la capacidad para leer el juego y ajustar su comportamiento en consecuencia. La inteligencia táctica no solo se basa en la comprensión individual del juego, sino también en la habilidad para trabajar colectivamente dentro de un sistema de equipo, coordinando acciones con compañeros y respondiendo dinámicamente a la fluidez del partido. Los jugadores con alta inteligencia táctica son a menudo vistos como extensión del entrenador en el campo, capaces de ejecutar la visión táctica del equipo, adaptarse a diferentes escenarios de juego y potencialmente cambiar el curso de un partido con su visión y toma de decisiones.

Interior o centrocampista lateral en fútbol. El interior o centrocampista lateral en el fútbol es un jugador situado en el centro del campo, con responsabilidades tanto ofensivas como defensivas, pero operando más cerca de las bandas. Estos jugadores son cruciales para conectar la defensa con el ataque, proporcionando soporte en el juego por las alas y participando activamente en la creación de jugadas. Los interiores deben tener una excelente condición física, habilidad para realizar pases precisos, visión de juego, y la capacidad de recuperar el balón. A menudo, desempeñan un papel vital en el mantenimiento de la posesión del equipo y en la transición rápida del juego de defensa a ataque, mostrando versatilidad al adaptarse a las necesidades tácticas del equipo.

J

Juego aéreo en fútbol. El juego aéreo en fútbol se refiere a la habilidad de los jugadores para competir y manejar el balón en el aire, usualmente mediante cabezazos o interceptaciones altas. Esta habilidad es esencial en varias fases del juego, incluyendo los saques de esquina, los tiros libres, y en la lucha por la posesión del balón. Un dominio efectivo del juego aéreo puede ser decisivo en la defensa, al despejar balones peligrosos, y en el ataque, al convertir oportunidades de gol.

Los jugadores con buena estatura y potencia de salto, junto con una técnica de cabeceo precisa, son altamente valorados por su contribución en el juego aéreo, influenciando tanto en situaciones defensivas como ofensivas.

Juego combinativo en el fútbol. El juego combinativo en el fútbol se caracteriza por la sucesión de pases cortos y movimientos coordinados entre los jugadores para avanzar en el campo y desmontar la defensa contraria.

Esta estrategia enfatiza el trabajo en equipo, la comunicación, y la inteligencia táctica, privilegiando la posesión del balón y la búsqueda de espacios a través de la movilidad y los desmarques. Equipos que destacan en el juego combinativo suelen mostrar gran cohesión y comprensión entre sus jugadores, haciendo uso de su técnica para crear oportunidades de gol mediante la creación de espacios y el desplazamiento defensivo del rival. Este estilo de juego requiere paciencia, precisión y una alta capacidad técnica individual y colectiva.

Juego de posición en fútbol. El juego de posición en el fútbol es un concepto táctico que se centra en la organización y disposición de los jugadores en el campo para maximizar el control del espacio y del balón. Basado en principios de posesión y movimiento inteligente, busca crear situaciones de superioridad numérica en áreas clave del campo, facilitando la progresión del juego y la creación de oportunidades de gol. Los jugadores deben entender profundamente sus roles y los de sus compañeros, moviéndose de manera coordinada para desestabilizar la estructura defensiva del adversario. Esta filosofía táctica exige una alta comprensión del juego, disciplina, y habilidades técnicas, enfatizando la importancia del espacio tanto como la del balón.

Juego directo en el fútbol. El juego directo en el fútbol es una estrategia que enfatiza la rápida transición del balón desde la defensa al ataque, con el objetivo de crear oportunidades de gol mediante pases largos hacia adelante, saltando las líneas intermedias del campo. Esta táctica se utiliza para explotar la velocidad de los delanteros, sorprender a la defensa contraria y minimizar el riesgo de perder el balón en zonas peligrosas. El juego directo es efectivo contra equipos que presionan alto o tienen dificultades en el juego aéreo. Sin embargo, requiere precisión en los pases largos y una buena coordinación entre los jugadores que lanzan el balón y aquellos que lo reciben. Aunque algunas veces se critica por ser menos estético o elaborado, puede ser muy eficaz bajo las circunstancias adecuadas.

Juez de línea en el fútbol. El juez de línea, también conocido como asistente del árbitro, juega un papel crucial en los partidos de fútbol, asistiendo al árbitro principal en la toma de decisiones. Ubicados a lo largo de las líneas de banda, tienen la responsabilidad de señalar fuera de juegos, saques de banda, esquinas y ayudar en la identificación de faltas que el árbitro principal puede no ver. Los jueces de línea utilizan banderines para comunicar sus decisiones y deben mantener una concentración constante y una buena posición para juzgar las situaciones de juego con precisión. Su colaboración y comunicación con el árbitro son fundamentales para garantizar el correcto seguimiento de las reglas del juego.

Jugada. En el fútbol, una jugada se refiere a una secuencia de acciones planificadas o espontáneas llevadas a cabo por uno o más jugadores con el objetivo de avanzar hacia la portería contraria, defender o crear una oportunidad de gol. Las jugadas pueden ser el resultado de tácticas ensayadas, como tiros libres, saques de esquina, o movimientos ofensivos y defensivos coordinados, o pueden surgir de la improvisación de los jugadores en respuesta a la dinámica del juego. La efectividad de una jugada depende de la habilidad técnica, la comprensión táctica, y la sincronización entre los jugadores involucrados.

K

Kick off. El *kick off* o saque inicial es el método con el que se inicia o se reanuda el juego en el fútbol al comienzo de cada mitad y después de cada gol. El balón se coloca en el círculo central del campo y es jugado por un equipo, siguiendo un sorteo que determina quién realiza el saque inicial.

Desde la temporada 2016–2017, la regla del *kick off* fue modificada, permitiendo que el balón se mueva en cualquier dirección, facilitando así el juego hacia atrás. Este momento es crucial para establecer el tono del juego y puede ser utilizado estratégicamente para ganar ventaja inicial.

L

Larguero. El larguero es el travesaño horizontal que forma parte de la portería en el fútbol, ubicado en la parte superior entre los dos postes verticales. Es uno de los elementos que define el espacio por el cual el balón debe pasar para que se considere gol. El larguero juega un papel importante en el juego, ya que balones que impactan en él pueden resultar en situaciones de juego críticas, como goles, rebotes que continúan la acción ofensiva, o salvar a un equipo de conceder un gol. La altura estándar del larguero desde el suelo es de 2.44 metros (8 pies), medida que es uniforme en campos de fútbol de todo el mundo.

Lateral en el fútbol. El lateral en el fútbol se refiere a una posición específica en el campo, generalmente ocupada por jugadores que actúan en los costados del terreno, tanto en la defensa como en el ataque. Los laterales tienen la responsabilidad de defender su banda del campo, bloqueando avances de los oponentes, así como de apoyar el ataque de su equipo, subiendo por su banda para realizar centros o participar en jugadas ofensivas. Deben tener una gran resistencia física, capacidad para realizar coberturas defensivas, precisión en los centros y habilidad para recuperar su posición rápidamente.

Lateral o defensa de banda en fútbol. La posición de lateral o defensa de banda en fútbol es crucial tanto para la defensa como para el ataque de un equipo. Estos jugadores se ubican en los extremos de la línea defensiva y tienen la tarea de detener los avances de los jugadores contrarios por las bandas, además de apoyar a los atacantes de su equipo mediante incursiones por las bandas para enviar centros al área o contribuir con jugadas ofensivas.

Los laterales deben poseer velocidad, habilidad para realizar *tackles,* capacidad para realizar centros precisos y una buena condición física para mantener un equilibrio entre sus deberes defensivos y ofensivos.

Lesiones en el fútbol. Las lesiones en el fútbol son un aspecto lamentable pero común del juego, abarcando desde lesiones menores hasta algunas que pueden poner en riesgo la carrera de un jugador. Las más frecuentes incluyen esguinces, desgarros musculares, fracturas, lesiones de ligamentos y contusiones. La prevención a través de un adecuado calentamiento, entrenamiento físico específico y el uso correcto del equipo de protección es fundamental. El tratamiento varía según la gravedad de la lesión, pudiendo ir desde reposo y fisioterapia hasta intervenciones quirúrgicas. La recuperación enfatiza la importancia de un retorno gradual a la actividad para evitar recaídas.

Ley Bosman. La Ley Bosman es una sentencia judicial de 1995 que transformó el fútbol europeo, otorgando a los jugadores de la Unión Europea (UE) el derecho a moverse libremente a otro club al final de su contrato sin que el club comprador tenga que pagar una tarifa de traspaso. Nombrada por el jugador belga Jean-Marc Bosman, quien luchó por este derecho, la ley también permitió a los equipos de la UE tener un número ilimitado de jugadores de la UE. La Ley Bosman ha tenido un impacto profundo en las transferencias, aumentando la movilidad de los jugadores y cambiando la dinámica financiera y competitiva del fútbol europeo.

Liga de Campeones de la AFC. La Liga de Campeones de la AFC es el torneo de clubes más prestigioso de Asia, organizado por la Confederación Asiática de Fútbol (AFC). Establecido en 1967, inicialmente como la Copa de Clubes Campeones de Asia, el torneo fue reformado en 2002 para adoptar su nombre y formato actual. Reúne a los equipos más destacados de las ligas nacionales de Asia, compitiendo en una fase de grupos seguida de rondas eliminatorias hasta llegar a la final. El ganador obtiene no solo el título continental, sino también la clasificación para la Copa Mundial de Clubes de la FIFA. El torneo es un escaparate para el talento futbolístico en Asia, incrementando la visibilidad y competitividad de los clubes de la región.

Liga de Campeones de la CONCACAF. La Liga de Campeones de la CONCACAF es el torneo internacional de clubes más importante de Norte, Centroamérica y el Caribe. Organizado por la Confederación de Fútbol de Norte, Centroamérica y el Caribe (CONCACAF), este torneo anual enfrenta a los mejores equipos de las ligas de los países miembros. Desde su reestructuración en 2008, ha servido como el principal medio para determinar el club campeón de la CONCACAF, ofreciendo un cupo al ganador para participar en la Copa Mundial de Clubes de la FIFA. El torneo promueve la competencia de alto nivel entre los clubes de la región, mejorando la calidad del fútbol y fomentando rivalidades internacionales.

Liga de Naciones de la CONCACAF. La Liga de Naciones de la CONCACAF es un torneo internacional de selecciones nacionales inaugurado en 2018, diseñado para mejorar la calidad y competitividad del fútbol en la región de Norte, Centroamérica y el Caribe. Este torneo ofrece una estructura de competición regular para las naciones miembros, promoviendo el desarrollo del fútbol al proporcionar más oportunidades de juego oficial para los equipos y sus jugadores. Dividido en ligas con promociones y descensos, culmina en una fase final entre los equipos más exitosos para determinar el campeón. Además, sirve como mecanismo de clasificación para otros torneos, como la Copa Oro de la CONCACAF.

Liga en el fútbol. Una liga en el fútbol se refiere a una competición regular organizada a nivel nacional o regional, donde varios equipos compiten entre sí a lo largo de una temporada para determinar el campeón. Las ligas suelen operar bajo un sistema de puntos, donde cada equipo recibe puntos por ganar o empatar partidos. Al final de la temporada, el equipo con la mayor cantidad de puntos se corona como campeón. Algunas ligas también incluyen mecanismos de ascenso y descenso, donde los equipos con el menor rendimiento descienden a una división inferior, mientras que los mejores de las divisiones inferiores ascienden. Las ligas son fundamentales para el fútbol club y la estructura competitiva del deporte a nivel mundial.

Líbero o *sweeper* en fútbol. El líbero o *sweeper* es una posición defensiva en el fútbol, caracterizada por su papel flexible y la capacidad para adaptarse a las necesidades del juego desde una posición detrás de los defensas centrales. Este jugador tiene la libertad de moverse por toda la zona defensiva, interviniendo para cortar los ataques del equipo contrario y apoyar a los defensas cuando sea necesario. A diferencia de otros defensas, el líbero no marca a un jugador específico, sino que actúa como último recurso defensivo, a menudo iniciando el juego desde la parte trasera con una visión clara del campo. Aunque su uso ha disminuido con los cambios tácticos modernos, el líbero fue una figura crucial en muchas formaciones defensivas históricas.

Línea defensiva alta. La línea defensiva alta en el fútbol es una táctica donde los defensores posicionan cerca de la línea media del campo, lejos de su propia portería. Este enfoque busca reducir el espacio disponible para el equipo contrario, dificultando su capacidad para construir ataques y forzando errores cerca del área rival.

Implementar una línea defensiva alta requiere una defensa coordinada y atletas rápidos capaces de recuperarse si el equipo contrario supera la línea con pases largos o jugadas rápidas. Esta táctica es efectiva para equipos que dominan la posesión del balón y presionan constantemente al oponente, aunque conlleva riesgos, especialmente contra equipos con delanteros rápidos que pueden explotar el espacio detrás de la defensa.

M

Mano de Dios. "Mano de Dios" es un término famoso en el fútbol asociado con un gol marcado por Diego Maradona durante el partido entre Argentina e Inglaterra en los cuartos de final de la Copa Mundial de la FIFA 1986. Maradona usó su mano para golpear y dirigir el balón a la red, un acto que pasó desapercibido para el árbitro y sus asistentes, por lo que el gol fue injustamente validado. Maradona describió posteriormente este gol como "un poco con la cabeza de Maradona y otro poco con la mano de Dios", dando origen al icónico término. Este evento es uno de los más recordados en la historia del fútbol, destacando la genialidad y la controversia en la carrera de Maradona.

Mano en fútbol. La mano en el fútbol se refiere a una infracción que ocurre cuando el balón toca intencionalmente el brazo o la mano de un jugador, excepto si el jugador es el portero dentro de su propia área penal.

Las reglas sobre la mano han sido objeto de debate y revisión, enfocándose en la intencionalidad y la posición natural del brazo. Una mano puede resultar en un tiro libre directo o un penalti, dependiendo de dónde se cometa la falta. La interpretación de esta regla puede variar, pero generalmente busca evitar que los jugadores ganen una ventaja injusta utilizando sus brazos o manos para manipular el balón.

Marcaje. El marcaje en el fútbol es la acción de cubrir y seguir de cerca a un jugador contrario para impedir que participe efectivamente en el juego.

Existen diferentes técnicas de marcaje, incluyendo el marcaje al hombre, donde un defensor se asigna específicamente a un atacante sin importar su posición en el campo, y el marcaje zonal, donde cada defensor cubre un área específica y marca a cualquier jugador contrario que entre en esa zona. El marcaje efectivo es crucial para la defensa, ya que puede limitar las opciones de pase del equipo contrario y reducir sus oportunidades de gol.

Medio campo en el fútbol. El medio campo en el fútbol es una zona crucial del campo de juego que conecta la defensa con el ataque, y es fundamental para controlar el flujo y el ritmo del partido. Los jugadores que operan en esta área, conocidos como centrocampistas, desempeñan roles versátiles que incluyen recuperar el balón, distribuirlo a los compañeros, crear oportunidades de gol y, en ocasiones, defender o atacar según las circunstancias del juego. La efectividad en el medio campo es esencial para el éxito de un equipo, ya que un dominio en esta zona puede significar control sobre la posesión del balón y la capacidad para imponer el estilo de juego deseado. Los equipos pueden optar por diferentes formaciones y estrategias en el medio campo, desde configuraciones defensivas con énfasis en la recuperación del balón hasta planteamientos más ofensivos enfocados en la creación de juego. Los centrocampistas, por lo tanto, deben poseer una combinación de resistencia física, habilidades técnicas, visión de juego y toma de decisiones rápida para adaptarse a las diversas demandas de su posición.

Media punta o segundo delantero. El media punta en el fútbol es una posición ofensiva, generalmente ubicada detrás de los delanteros y delante de los centrocampistas centrales. Este jugador se sitúa justo detrás del delantero centro, operando en el espacio entre el mediocampo rival y su línea defensiva. Este jugador actúa como un enlace entre el mediocampo y el ataque, combinando habilidades de creación de juego con la capacidad de marcar goles, viene a ser una mezcla entre un mediocampista ofensivo y un delantero, su posición les permite explotar espacios entre las líneas defensivas del oponente. La función principal del segundo delantero es crear oportunidades de gol, ya sea mediante pases decisivos, disparos a puerta o por medio de jugadas individuales. Los jugadores en esta posición suelen estar técnicamente dotados, tienen control del balón, una excelente visión de juego y capacidad para marcar goles. Un media punta efectivo ha de ser capaz de adaptarse a diferentes situaciones de juego y de tomar decisiones rápidas para desequilibrar la defensa rival.

N

Número de jugadores en el fútbol. En el fútbol, cada equipo está compuesto por once jugadores en el campo, incluyendo al portero. Es el número estándar de jugadores permitidos en juegos oficiales según las reglas establecidas por la Federación Internacional de Fútbol Asociación (FIFA).

Además de los once jugadores titulares, los equipos pueden tener suplentes en el banquillo, cuyo número puede variar según la competición, pero generalmente se permite un máximo de tres a cinco cambios durante el partido. La configuración exacta de los jugadores en el campo depende de la táctica y formación elegida por el entrenador, que puede variar ampliamente para adaptarse a diferentes estilos de juego.

O

OFC, Confederación de Fútbol de Oceanía. La OFC, o Confederación de Fútbol de Oceanía, es uno de los seis organismos continentales reconocidos por la FIFA, encargados de gobernar y desarrollar el fútbol en sus respectivas regiones. La OFC se encarga de supervisar el fútbol en Oceanía, incluyendo países como Australia (hasta 2006, cuando se trasladó a la AFC), Nueva Zelanda y varias naciones insulares del Pacífico. La confederación organiza competiciones regionales como la Copa de Naciones de la OFC y clasificatorios para la Copa Mundial de la FIFA y otros torneos internacionales. Aunque es la confederación más pequeña en términos de número de miembros, desempeña un papel importante en el desarrollo del fútbol en la región.

Ojeador o *scout*. El ojeador o *scout* en el fútbol es un profesional encargado de identificar y evaluar talentos futbolísticos potenciales para un club o una organización deportiva. Su trabajo implica asistir a partidos de fútbol, torneos y competiciones en diferentes niveles, desde ligas juveniles hasta profesionales, para observar a jugadores que puedan cumplir con los requisitos técnicos, tácticos, físicos y mentales que busca su equipo. Los *scouts* analizan las habilidades de los jugadores, su adaptabilidad a diferentes estilos de juego, su potencial de desarrollo y su carácter, compilando informes detallados sobre sus hallazgos. Además de observar a jugadores en acción, los ojeadores pueden revisar material de video, consultar bases de datos y redes de contactos dentro del mundo del fútbol para recopilar información.

La labor del ojeador es fundamental en el proceso de fichajes, ayudando a los clubes a realizar inversiones inteligentes en el mercado de transferencias y a construir equipos competitivos a largo plazo. La efectividad de un *scout* radica en su capacidad para prever el futuro rendimiento de un jugador y su adaptación al equipo y la liga donde competirá.

Opción de compra. La opción de compra en el fútbol es una cláusula contractual que permite a un club adquirir los derechos de un jugador de manera definitiva tras un período de cesión o préstamo. Esta cláusula establece de antemano el precio de compra y las condiciones bajo las cuales el club prestamista puede hacer efectiva la compra del jugador al finalizar el préstamo. La opción de compra es común en los acuerdos de préstamo, ofreciendo al club receptor la oportunidad de evaluar al jugador en su entorno antes de comprometerse a una transferencia permanente. Es una herramienta útil para gestionar riesgos y planificar el futuro del equipo.

P

Palmarés en fútbol. El palmarés en el fútbol se refiere al conjunto de títulos y trofeos que ha ganado un equipo o un jugador a lo largo de su historia. Incluye victorias en competiciones nacionales, como ligas y copas, así como éxitos en torneos internacionales, como la Liga de Campeones de la UEFA o la Copa Libertadores. En el caso de los jugadores, el palmarés también puede incluir premios individuales, como el Balón de Oro o el premio al Mejor Jugador de la FIFA. El palmarés es un indicador del éxito y la grandeza en el mundo del fútbol, reflejando la habilidad y consistencia de equipos y jugadores a lo largo del tiempo.

Pase en el fútbol. El pase es una de las técnicas fundamentales en el fútbol, consistiendo en enviar el balón a un compañero de equipo con la intención de avanzar en el campo, mantener la posesión o crear una oportunidad de gol. Existen varios tipos de pases, incluyendo el pase corto, pase largo, pase al pie, pase al espacio, y el pase elevado o globo. La eficacia de un pase depende de la precisión, el *timing* y la decisión de cuándo y a quién pasarlo. Un buen pase puede desmontar defensas rivales y es crucial para construir jugadas ofensivas y controlar el ritmo del juego.

Penalti. El penalti en el fútbol es una sanción otorgada por una infracción cometida por un jugador dentro de su propia área penal. Consiste en un tiro libre directo desde el punto penal, situado a 12 yardas (aproximadamente 11 metros) de la línea de gol, frente al portero del equipo contrario. El penalti ofrece una excelente oportunidad de marcar, siendo uno de los momentos más tensos y emocionantes del juego. La ejecución del penalti pone a prueba la habilidad y nervios tanto del lanzador como del portero, convirtiéndose a menudo en momentos decisivos en los partidos.

Permuta en fútbol. La permuta en fútbol se refiere al intercambio de jugadores entre dos clubes sin que medie una transacción económica significativa entre ellos. Este tipo de operaciones puede incluir algún ajuste financiero si hay diferencias en la valoración de los jugadores involucrados, pero el foco principal es el intercambio de derechos de los futbolistas.

Las permutas son menos comunes que las transferencias puramente económicas, ya que requieren que ambos clubes y jugadores estén de acuerdo con el cambio, pero pueden ser útiles para resolver necesidades específicas de los equipos o para los jugadores que buscan nuevos desafíos.

Pivote o centrocampista defensivo. El pivote o centrocampista defensivo en el fútbol es una posición táctica ocupada por un jugador que actúa justo delante de la defensa, siendo el primer escudo del equipo contra los ataques rivales. Este jugador es crucial para el equilibrio defensivo del equipo, encargado de interceptar pases, recuperar balones y detener a los mediapuntas y delanteros adversarios antes de que puedan crear oportunidades de gol. El pivote necesita tener una excelente visión de juego, habilidades de intercepción, capacidad para realizar entradas precisas y habilidad para distribuir el balón con eficacia, iniciando así la transición del equipo de la defensa al ataque. Además de sus responsabilidades defensivas, el centrocampista defensivo a menudo actúa como un organizador del juego desde posiciones profundas, conectando la defensa con el mediocampo y facilitando la construcción del juego ofensivo. Esta posición requiere inteligencia táctica, resistencia física y liderazgo dentro del campo, ya que el pivote debe ser capaz de leer el juego, anticipar las acciones del equipo contrario y coordinar la respuesta defensiva de su equipo.

Pívot en fútbol sala. El pívot en fútbol sala es la posición más adelantada en el esquema táctico de un equipo, similar al rol del delantero centro en el fútbol. Este jugador es el principal referente ofensivo y su función es actuar como punto de apoyo para sus compañeros, manteniendo la posesión del balón en la zona de ataque y creando oportunidades de gol mediante giros, pases y remates. El pívot necesita combinar fuerza física para resistir la marcación y retener el balón, con habilidad técnica para ejecutar jugadas en espacios reducidos y una buena definición frente a la portería. Esta posición es clave para desorganizar las defensas rivales, ya sea manteniendo ocupados a los defensores, arrastrándolos fuera de posición o generando espacios que puedan ser explotados por los compañeros que se incorporan al ataque.

Plantilla de fútbol. La plantilla de fútbol de un equipo se refiere al conjunto de jugadores inscritos y disponibles para competir durante una temporada. Incluye tanto a los jugadores titulares habituales como a los suplentes, abarcando porteros, defensores, mediocampistas y delanteros.

La composición de la plantilla es crucial para el éxito del equipo, ya que debe contar con una mezcla equilibrada de experiencia y juventud, habilidades técnicas y físicas, y versatilidad para adaptarse a diferentes esquemas tácticos.

La gestión de la plantilla es una tarea compleja que implica consideraciones sobre la forma física de los jugadores, las suspensiones, las lesiones y las necesidades tácticas específicas de cada partido. Los entrenadores y el cuerpo técnico trabajan estrechamente con el departamento deportivo del club para planificar la plantilla, realizando fichajes y promocionando jugadores de la cantera según sea necesario para reforzar el equipo y asegurar la competitividad a lo largo de la temporada.

Playmaker o centrocampista de creación en fútbol. El *playmaker* o centrocampista de creación en el fútbol es el jugador encargado de dirigir el juego ofensivo del equipo, siendo el cerebro detrás de las jugadas y estrategias que buscan desequilibrar la defensa rival.

Este jugador posee una visión excepcional del campo, habilidad para realizar pases precisos y la creatividad necesaria para inventar oportunidades de gol. Su posición en el campo le permite actuar como enlace entre la defensa y el ataque, distribuyendo el balón y estableciendo el ritmo del juego.

Los *playmakers* suelen ser jugadores técnicamente dotados, con un excelente control del balón y capacidad para ejecutar tiros libres y penales. Su influencia en el campo puede cambiar el curso de un partido, y su liderazgo táctico es vital para el funcionamiento efectivo del equipo en la ofensiva.

Portería. La portería en el fútbol es el elemento dentro del cual debe entrar el balón para que se considere un gol, constituyendo el objetivo principal del juego.

Situada en ambos extremos del campo, cada portería está formada por dos postes verticales unidos en la parte superior por un travesaño horizontal, con una red en la parte posterior para detener el balón. Las dimensiones reglamentarias de la portería son 7.32 metros de ancho por 2.44 metros de alto. La defensa de la portería es la única responsabilidad del portero, quien es el único jugador que puede utilizar las manos y los brazos dentro del área penalti para prevenir que el balón entre en la portería. La portería no solo es central para la mecánica de anotación del fútbol, sino que también define muchos aspectos tácticos y estratégicos del juego, como la formación defensiva, las estrategias de ataque y la ejecución de tiros libres y penaltis.

Portero líbero en futsal. El concepto de portero líbero en futsal se refiere a un estilo de juego en el que el portero asume un rol más activo en la construcción del juego ofensivo, más allá de sus responsabilidades defensivas tradicionales. Este portero participa en el juego con los pies fuera de su área, funcionando como un jugador adicional en la fase de posesión del equipo. La utilización del portero líbero permite al equipo mantener la posesión del balón, aumentar la presión sobre el equipo rival y crear superioridades numéricas en ataque. Sin embargo, este enfoque táctico implica riesgos, ya que deja la portería desprotegida ante posibles contraataques. Los porteros que desempeñan este papel deben tener excelentes habilidades con el balón, una buena lectura del juego y una toma de decisiones rápida para equilibrar entre su participación en el ataque y la necesidad de retornar a su posición defensiva.

Portero. El portero en el fútbol es el único jugador permitido para manejar el balón con las manos dentro de su área penal, siendo el último defensor ante los ataques del equipo contrario. Esta posición es crítica para el equipo, ya que el portero es responsable de evitar que el balón cruce la línea de gol, utilizando todas las habilidades a su disposición, incluyendo paradas, despejes y capturas. Además de sus deberes defensivos, los porteros a menudo actúan como un primer atacante, iniciando jugadas ofensivas con distribuciones precisas a sus compañeros. Un buen portero posee reflejos excepcionales, juicio acertado, excelente juego aéreo, y la capacidad de leer el juego y anticipar acciones del equipo contrario. La confianza, la comunicación y el liderazgo son también cualidades esenciales, ya que el portero debe organizar la defensa y mantener la moral del equipo en momentos críticos.

Posesión en fútbol. La posesión en el fútbol se refiere al control del balón por parte de un equipo durante un partido. Se considera un indicador importante de la dominación del juego, ya que tener el balón generalmente permite a un equipo crear más oportunidades de gol y dictar el ritmo del encuentro. Los equipos que enfatizan la posesión suelen utilizar un estilo de juego basado en pases cortos y movimientos constantes, buscando abrir espacios en la defensa rival para avanzar hacia la portería.

La posesión es tanto una herramienta ofensiva como defensiva; mantener el balón aleja al equipo contrario de oportunidades para atacar. Las estadísticas de posesión son comúnmente utilizadas para analizar el desempeño de los equipos y la efectividad de sus estrategias de juego.

Posicionamiento. El posicionamiento se refiere a la capacidad de un jugador para ubicarse en el lugar más adecuado en el campo durante diferentes fases del juego. Un buen posicionamiento implica estar en la posición correcta para recibir un pase, interceptar el balón, bloquear un disparo o realizar una jugada ofensiva. En defensa, el posicionamiento estratégico puede cortar líneas de pase y reducir el espacio disponible para los oponentes. Ofensivamente, posicionarse inteligentemente puede abrir oportunidades de gol. El posicionamiento efectivo depende de la comprensión táctica del juego, la anticipación de las acciones del equipo contrario y una comunicación fluida con los compañeros de equipo.

Poste en fútbol. En el fútbol, el poste se refiere a uno de los dos postes verticales que, junto con el larguero horizontal, forman la portería. Un balón que golpea el poste y rebota fuera de la línea de gol no cuenta como un gol. Los postes son cruciales en la definición de los límites de la portería; para que un gol sea válido, el balón debe pasar completamente entre ellos y por debajo del larguero. Los encuentros con el poste a menudo resultan en momentos emocionantes y decisivos durante un partido, ya que pueden significar la diferencia entre un gol y un casi gol. La precisión en los tiros es esencial para superar esta barrera física y anotar.

Precisión en el pase. La precisión en el pase es crucial para mantener la posesión del balón y construir jugadas ofensivas en el fútbol y el futsal. Un pase preciso llega al compañero de equipo deseado con la fuerza y dirección correctas, permitiendo al equipo avanzar hacia la portería contraria de manera eficiente. La habilidad para ejecutar pases precisos bajo presión es lo que a menudo distingue a los jugadores de élite, facilitando el control del ritmo del juego y la desarticulación de las defensas rivales. La precisión en los pases es fundamental en todos los niveles del juego, desde el juego corto y juego combinativo hasta los pases largos que cambian el punto de ataque.

Preparador físico. El preparador físico en el fútbol es el profesional encargado de desarrollar y supervisar el programa de entrenamiento físico de los jugadores para asegurar que estén en óptima condición física. Este rol incluye la planificación de rutinas de ejercicios específicos que mejoran la fuerza, la resistencia, la velocidad y la flexibilidad, adaptándose a las necesidades individuales y al calendario de competiciones del equipo.

El preparador físico también juega un papel crucial en la prevención de lesiones, mediante la implementación de ejercicios de calentamiento y recuperación adecuados. La colaboración estrecha con el equipo médico para el seguimiento del estado físico y la recuperación de los jugadores lesionados es fundamental para su función dentro del equipo técnico.

Presión alta en el fútbol. La presión alta en el fútbol es una táctica defensiva que involucra a los jugadores atacando al equipo contrario en su propia mitad del campo, intentando recuperar el balón lo más cerca posible de la portería rival.

Esta estrategia busca forzar errores del equipo contrario en zonas peligrosas, creando oportunidades de gol directas a partir de la recuperación del balón.

La ejecución exitosa de la presión alta requiere un equipo bien coordinado y físicamente preparado, ya que demanda un esfuerzo constante y sincronizado para cubrir espacios y cerrar opciones de pase. Aunque efectiva, esta táctica puede ser arriesgada, ya que deja espacios en la defensa que pueden ser explotados por equipos con habilidades de pase precisas o velocidad en el contraataque.

Pretemporada en el fútbol. La pretemporada en el fútbol es el período antes del inicio de la competición oficial, dedicado a la preparación física, técnica y táctica de los equipos. Durante este tiempo, los jugadores regresan de sus vacaciones para comenzar un intenso programa de entrenamientos que busca mejorar su condición física, integrar a nuevos fichajes, y ajustar estrategias de juego bajo la dirección del cuerpo técnico. La pretemporada a menudo incluye partidos amistosos y torneos de preparación, que sirven como pruebas para evaluar el rendimiento del equipo y hacer ajustes antes del comienzo de la liga. Este período es crucial para establecer una base sólida para el éxito durante la temporada regular, permitiendo a los jugadores alcanzar un nivel óptimo de forma física y cohesión de equipo.

Principales formaciones tácticas en fútbol. Las formaciones tácticas en el fútbol son esquemas que determinan la disposición de los jugadores en el campo. Las principales formaciones incluyen el 4-4-2, que ofrece un equilibrio entre defensa y ataque con dos delanteros y una línea de cuatro mediocampistas; el 4-3-3, preferido por equipos que buscan dominar la posesión y atacar con tres delanteros; el 3-5-2, que fortalece el mediocampo y permite flexibilidad en el ataque; y el 4-2-3-1, que proporciona solidez defensiva y opciones creativas en el ataque con un mediapunta detrás del delantero. La elección de la formación depende de la filosofía del entrenador, las características de los jugadores y la estrategia contra el equipo rival. La adaptabilidad y comprensión táctica de estas formaciones son fundamentales para el éxito en el fútbol moderno.

Prórroga en el fútbol. La prórroga en el fútbol es un período adicional de juego utilizado para decidir el ganador de un partido que ha terminado en empate después del tiempo reglamentario. Generalmente consiste en dos mitades de 15 minutos cada una, sin pausa entre ellas, excepto un breve intervalo para el cambio de campo. Si al final de la prórroga el marcador sigue igualado, el ganador se determina a menudo mediante una tanda de penaltis. La prórroga se aplica en partidos de eliminación directa en torneos, donde es necesario un ganador para avanzar a la siguiente fase. Este período de tiempo extra pone a prueba la resistencia física y mental de los jugadores, siendo crucial la gestión de la energía y la estrategia.

R

Real Federación Española de Fútbol (RFEF). La Real Federación Española de Fútbol (RFEF) es el organismo que se encarga de regular y organizar el fútbol en España. Fundada en 1909, es responsable de supervisar todas las competiciones de fútbol nacionales, incluyendo la liga profesional, la Copa del Rey y las selecciones nacionales masculinas y femeninas.

La RFEF trabaja en estrecha colaboración con la FIFA y la UEFA para asegurar que el fútbol español cumpla con los estándares internacionales, promoviendo el desarrollo del deporte a todos los niveles, desde el fútbol base hasta el profesional. Además, se ocupa de la formación de entrenadores, el arbitraje, y la implementación de programas de desarrollo y mejoramiento de infraestructuras futbolísticas en el país.

Recopa Sudamericana. La Recopa Sudamericana es una competición anual de fútbol organizada por la CONMEBOL, que enfrenta a los campeones de la Copa Libertadores y la Copa Sudamericana del año anterior. Establecida en 1988, la Recopa se ha consolidado como un prestigioso torneo que proporciona a los clubes la oportunidad de obtener un título internacional adicional. Los partidos se juegan generalmente en un formato de ida y vuelta, aunque ha habido variaciones a lo largo de los años, incluyendo ediciones disputadas en un solo partido. Ganar la Recopa Sudamericana es un honor significativo, simbolizando la supremacía en el fútbol de clubes sudamericano y brindando a los equipos la distinción de ser los mejores del continente.

Regate o drible. El regate o drible en el fútbol es una técnica utilizada por los jugadores para evadir a uno o más oponentes en el campo sin perder el control del balón. Esta habilidad requiere de una excelente coordinación, agilidad, control del balón y velocidad, permitiendo al jugador cambiar de dirección rápidamente, realizar movimientos engañosos y mantener el balón cerca de sus pies mientras esquiva a los defensores. Los regates pueden ser simples, como cambios rápidos de dirección, o complejos, incluyendo fintas, giros y toques habilidosos que confunden al adversario. Los jugadores que dominan el arte del regate son capaces de crear espacios de la nada, abrir defensas cerradas y generar oportunidades de gol para ellos mismos o sus compañeros de equipo. Además de su utilidad táctica, los regates añaden un elemento de espectáculo al juego, emocionando a los aficionados con despliegues de habilidad técnica y creatividad. El éxito de un regate depende no solo de la habilidad individual del jugador, sino también de su capacidad para leer el juego y anticipar las acciones de los defensores.

Reglas del fútbol. Las reglas del fútbol, conocidas oficialmente como las Leyes del Juego, son un conjunto de normas estandarizadas que rigen cómo se juega este deporte en todo el mundo. Establecidas por la International Football Association Board (IFAB), las reglas cubren todos los aspectos del juego, desde el inicio del partido, la duración del juego, el balón, los jugadores, el equipo, el árbitro, el fuera de juego, las faltas y conductas indebidas, hasta el procedimiento para marcar un gol. Las reglas se revisan y actualizan periódicamente para adaptarse a la evolución del fútbol y mejorar aspectos como la equidad, la seguridad de los jugadores y el espectáculo del juego.

Remate en fútbol. El remate en fútbol se refiere a cualquier intento de golpear el balón hacia la portería con el objetivo de marcar un gol. Puede ejecutarse con cualquier parte del cuerpo permitida (principalmente el pie, pero también la cabeza o cualquier otra parte excepto los brazos o manos para los jugadores de campo) y desde cualquier distancia dentro del campo de juego. Los remates pueden ser directos, como en disparos desde fuera del área o cabezazos tras centros, o pueden resultar de jugadas elaboradas, combinaciones o rebotes. La efectividad de un remate depende de la precisión, la potencia y la capacidad del jugador para engañar al portero y superar la defensa contraria.

Rondo. El rondo es un ejercicio de entrenamiento en fútbol que consiste en un grupo de jugadores formando un círculo o una forma alrededor de uno o más jugadores en el centro. El objetivo para los jugadores externos es mantener la posesión del balón mediante pases rápidos y precisos, mientras que los jugadores en el centro intentan interceptar o recuperar el balón.

Este ejercicio mejora habilidades como el control del balón, la visión de juego, la toma de decisiones rápida y el movimiento sin balón. El rondo es una herramienta de entrenamiento popular por su capacidad para simular situaciones de juego y fomentar la cohesión del equipo.

S

Saque de banda en el fútbol. El saque de banda es una forma de reanudar el juego en el fútbol cuando el balón ha salido completamente por una de las líneas laterales del campo. El jugador ejecutante debe lanzar el balón con ambas manos desde detrás de su cabeza mientras mantiene ambos pies en contacto con el suelo fuera del campo, desde el punto donde el balón salió.

Este método permite a los equipos intentar mantener o recuperar la posesión en áreas estratégicas del campo. Aunque generalmente se considera una oportunidad para reiniciar el juego de manera segura, algunos equipos lo utilizan tácticamente para lanzar ataques sorpresa o ganar ventaja territorial.

Scouting en fútbol. El *scouting* en fútbol es el proceso de observación, análisis y evaluación de jugadores con el objetivo de identificar talentos potenciales para un equipo. Los *scouts* u ojeadores son profesionales especializados que asisten a partidos y torneos, en todas las categorías y niveles, para analizar las habilidades, la técnica, el comportamiento en el campo y las características físicas de los jugadores. También pueden evaluar aspectos psicológicos y la actitud tanto dentro como fuera del campo. El *scouting* es fundamental para los clubes de fútbol en su estrategia de fichajes, permitiéndoles descubrir y contratar a jugadores que se ajusten a sus necesidades tácticas y presupuestarias. Además, el *scouting* contribuye al seguimiento de la evolución de talentos ya presentes en el club, asegurando su desarrollo óptimo.

Segundo entrenador. El segundo entrenador en fútbol, también conocido como asistente técnico, desempeña un papel crucial dentro del cuerpo técnico, apoyando al entrenador principal en la gestión y preparación del equipo. Sus responsabilidades pueden variar significativamente, desde la planificación de entrenamientos, análisis táctico de los rivales, instrucción individual de jugadores hasta ofrecer apoyo moral y estratégico durante los partidos. El segundo entrenador actúa como un enlace entre el entrenador principal y los jugadores, y a menudo se encarga de la comunicación dentro del vestuario. Su papel es esencial para mantener un ambiente de trabajo positivo y enfocado, siendo también capaz de tomar las riendas del equipo en ausencia del entrenador principal.

Stopper en fútbol. El término *stopper* en fútbol se refiere a un defensor central con un rol principalmente defensivo, cuya tarea es detener o "parar" los ataques del equipo contrario, marcando de cerca a los delanteros rivales y cortando pases peligrosos. En formaciones que utilizan un libero o defensa central de barrido, el *stopper* juega justo delante de este, aplicando una marca más agresiva y dejando al libero la tarea de cubrir espacios y proporcionar una última línea de defensa. Aunque el uso del término ha disminuido con los cambios tácticos en el fútbol moderno, el rol de un defensor fuerte, capaz de interrumpir el juego ofensivo del equipo contrario, sigue siendo vital.

Supercopa de España. La Supercopa de España es un torneo anual de fútbol que enfrenta a los campeones de la Primera División (La Liga) y de la Copa del Rey de la temporada anterior. En caso de que un equipo haya ganado tanto

La Liga como la Copa del Rey, su oponente es el subcampeón de la Copa. Tradicionalmente, este torneo se ha jugado antes del comienzo de la temporada de liga como un enfrentamiento de ida y vuelta. Sin embargo, el formato ha experimentado cambios, incluyendo la expansión a un formato de cuatro equipos con semifinales y final. La Supercopa de España es vista como el primer trofeo importante de la temporada en el fútbol español, ofreciendo un prestigioso enfrentamiento entre los mejores equipos del país.

Supercopa. La Supercopa generalmente se refiere a un torneo de fútbol en el que compiten los ganadores de las principales competiciones nacionales de liga y copa de un país específico, como la Supercopa de España. Este término también se aplica a competiciones similares en otros países, como la Supercopa de Italia y la Supercopa de Alemania, donde los formatos pueden variar, pero el concepto subyacente es el mismo: enfrentar a los campeones de la liga contra los ganadores de la copa nacional. La Supercopa sirve como un emocionante enfrentamiento entre los equipos más exitosos de la temporada anterior, ofreciendo a los aficionados un atractivo espectáculo futbolístico y a los equipos la oportunidad de empezar la nueva temporada con un trofeo.

Suplentes en el fútbol. Los suplentes en el fútbol son jugadores que no comienzan el partido en el once inicial, pero que están disponibles para ser introducidos en el juego en cualquier momento a discreción del entrenador. Cada equipo tiene permitido un número específico de suplentes en la banca, variando según la competición, pero típicamente son siete en partidos de liga y hasta doce en algunos torneos internacionales. Los suplentes son cruciales para la estrategia del equipo, ofreciendo opciones para cambiar la dinámica del juego, reemplazar jugadores lesionados o cansados, y adaptar la táctica a las circunstancias del partido. La gestión de los suplentes es una habilidad clave para los entrenadores, influyendo significativamente en el resultado del juego.

Sustituciones en el fútbol. Las sustituciones en el fútbol son cambios de jugadores durante un partido, permitiendo a los entrenadores reemplazar a uno de sus jugadores en el campo por uno de los suplentes. Tradicionalmente, se permiten tres sustituciones por partido en la mayoría de las competiciones, aunque recientemente algunas ligas y torneos han permitido hasta cinco para gestionar mejor la carga física de los jugadores. Las sustituciones pueden ser tácticas, para refrescar el equipo, o por lesión. Una vez realizado un cambio, el jugador sustituido no puede volver a entrar en juego. La gestión eficaz de las sustituciones es crucial, ya que puede cambiar el rumbo de un partido.

T

"Tackleo" en el fútbol. El "tackleo" o entrada es una acción defensiva en el fútbol donde un jugador intenta recuperar el balón de un oponente. El objetivo es despojar al adversario del balón mediante un uso limpio del cuerpo o los pies. Existen varios tipos de "tackleos", incluidos el *tackle* deslizante, donde el defensor se desliza por el suelo para golpear el balón, y el *tackle* de pie, donde se intenta ganar el balón con los pies mientras se está de pie. Aunque un "tackleo" bien ejecutado puede ser decisivo, si se realiza incorrectamente puede resultar en faltas, penaltis contra el equipo defensor, o incluso en tarjetas amarillas o rojas por juego peligroso.

Tacos de fútbol. Los tacos de fútbol son el calzado diseñado específicamente para jugar al fútbol. Equipados con clavos o tacos en la suela, proporcionan a los jugadores tracción adicional en diferentes superficies de juego como césped natural, césped artificial o tierra. Los tacos varían en forma, tamaño y material, adaptándose a las condiciones específicas del terreno de juego y a las preferencias del jugador. La elección correcta de tacos puede mejorar significativamente el rendimiento en el campo, ofreciendo mejor agarre, agilidad y reduciendo el riesgo de lesiones.

Tácticas defensivas en fútbol. Las tácticas defensivas en el fútbol son estrategias empleadas por un equipo para prevenir que el adversario marque goles. Incluyen la formación y organización de la línea defensiva, el uso de la presión sobre el portador del balón, la cobertura y el respaldo entre defensores, y la decisión de jugar con una línea defensiva alta o profunda. Las tácticas defensivas varían según el estilo de juego del equipo, el marcador del partido, y las fortalezas y debilidades del oponente. La eficacia de un equipo en defensa depende no solo de la habilidad individual de los defensores, sino también de su capacidad para trabajar colectivamente como una unidad cohesiva.

Táctica en el fútbol. La táctica en el fútbol se refiere al plan de juego y a las estrategias que un equipo utiliza para intentar ganar un partido. Incluye la formación del equipo, la elección de jugadores para posiciones específicas, y las instrucciones sobre cómo atacar y defender. Las tácticas pueden variar enormemente dependiendo de la filosofía del entrenador, las características de los jugadores disponibles, y el análisis del equipo contrario. Las decisiones tácticas abarcan desde la estructura defensiva, el control del medio campo, hasta la ejecución de ataques, enfocándose tanto en la organización ofensiva como defensiva.

Táctica ofensiva en el fútbol. Las tácticas ofensivas en el fútbol son las estrategias y planes implementados por un equipo para crear y convertir oportunidades de gol. Estas tácticas incluyen el manejo del balón, el movimiento sin balón para desmarcarse, las combinaciones de pases para penetrar las defensas adversarias, y el uso de la velocidad y la habilidad técnica para superar a los oponentes. Las tácticas ofensivas se adaptan en función de las fortalezas del equipo y las vulnerabilidades del oponente, buscando maximizar la eficiencia en el ataque a través de una variedad de métodos, como el juego por las bandas, los centros al área, los tiros de larga distancia, y el juego directo hacia delanteros específicos.

Tarjetas en el fútbol. Las tarjetas en el fútbol son herramientas disciplinarias usadas por los árbitros para gestionar la conducta de los jugadores y mantener el control del partido. Hay dos tipos principales: la tarjeta amarilla y la tarjeta roja. La tarjeta amarilla sirve como advertencia a un jugador por comportamiento antideportivo, faltas tácticas o infracciones menores. La tarjeta roja significa la expulsión del jugador del partido por faltas graves, como juego peligroso, conducta violenta, impedir un gol mediante la mano de manera intencional, o recibir una segunda tarjeta amarilla en el mismo partido. La aplicación de tarjetas es crucial para el respeto de las reglas y la seguridad de los jugadores.

Tarjeta azul en el fútbol. La tarjeta azul es una señalización menos común en el ámbito del fútbol, típicamente no utilizada en el fútbol tradicional (once contra once) sino más bien en variantes como el fútbol sala. La función de la tarjeta azul varía según las reglas específicas de la competición, pero generalmente indica una penalización que requiere que el jugador penalizado salga del campo por un periodo de tiempo determinado, sin ser reemplazado, dejando así a su equipo con un jugador menos. Este sistema busca castigar las faltas o comportamientos antideportivos de manera que afecte inmediatamente al equipo infractor pero sin las consecuencias prolongadas de una expulsión completa con tarjeta roja.

Tiempo extra en el fútbol. El tiempo extra en el fútbol es un período adicional jugado al final de un partido de eliminación directa que ha terminado en empate, con el objetivo de determinar un ganador. Consiste típicamente en dos mitades de 15 minutos cada una. Si el empate persiste tras el tiempo extra, el partido se decide frecuentemente mediante una tanda de penaltis. El uso del tiempo extra varía según el torneo y la etapa de la competición, con algunas competiciones optando por ir directamente a los penales después del tiempo reglamentario para evitar el desgaste adicional de los jugadores.

Tiro en fútbol. Un tiro en fútbol es el acto de golpear el balón en un intento de marcar un gol. Los tiros pueden ser realizados con cualquier parte del cuerpo permitida (principalmente el pie, pero también la cabeza o cualquier otra parte excepto los brazos o manos para los jugadores de campo) y pueden variar en técnica, fuerza y precisión. Los tiros se clasifican generalmente por su naturaleza, como tiros de larga distancia, tiros libres, penales, y remates de cabeza, cada uno con sus propias estrategias y técnicas especializadas para maximizar las posibilidades de marcar.

Tiro libre en el fútbol. El tiro libre en el fútbol es una manera de reanudar el juego después de una falta cometida por el equipo contrario. Se clasifican en directos, desde donde se puede marcar un gol directamente contra el equipo adversario, e indirectos, que requieren que otro jugador toque el balón antes de que un gol pueda ser marcado. La posición y la gravedad de la falta determinan si el tiro libre es directo o indirecto.

Los tiros libres ofrecen una oportunidad significativa para marcar, especialmente cuando se ejecutan desde posiciones cercanas al área penal y son ejecutados por especialistas en esta faceta del juego.

Trofeo Pichichi. El término Pichichi se utiliza en el fútbol español para referirse al máximo goleador de La Liga durante una temporada. El premio lleva el nombre de Rafael Moreno Aranzadi, apodado "Pichichi", un legendario delantero del Athletic Club de Bilbao a principios del siglo xx. La distinción es otorgada por el diario deportivo Marca desde la temporada 1952–1953. Recibir el trofeo Pichichi es un honor altamente codiciado por los delanteros, ya que reconoce su eficacia goleadora y su contribución crucial a los éxitos de sus equipos a lo largo de la competición liguera.

Trofeo Zamora. El Trofeo Zamora es un premio otorgado anualmente por el periódico deportivo español Marca al portero con el menor promedio de goles encajados por partido en La Liga, la primera división del fútbol español. Para ser elegible, el portero debe haber jugado al menos 28 partidos de 60 o más minutos durante la temporada. Este premio lleva el nombre de Ricardo Zamora, un legendario portero español conocido por sus espectaculares actuaciones durante las décadas de 1920 y 1930. El Trofeo Zamora reconoce la habilidad, la consistencia y la importancia de los porteros en el éxito de sus equipos, y es considerado uno de los honores individuales más prestigiosos en el fútbol español.

U

UEFA, La Unión de Asociaciones Europeas de Fútbol.
La UEFA es la entidad gobernante del fútbol en Europa, fundada en 1954, y responsable de organizar competiciones internacionales a nivel de clubes y selecciones nacionales dentro de Europa, como la UEFA Champions League, la UEFA Europa League, y el Campeonato Europeo de Naciones (Eurocopa). La UEFA trabaja para promover, proteger y desarrollar el fútbol europeo a todos los niveles, desde el fútbol base hasta el profesional, y también se implica en aspectos como el *fair play* financiero, la promoción del fútbol femenino, y el uso de tecnología en el deporte.

Utilleros en el fútbol.
Los utilleros son miembros esenciales del equipo técnico en el fútbol, encargados de la gestión del material deportivo. Su labor incluye preparar la equipación para los partidos y entrenamientos, asegurar que el vestuario esté en condiciones óptimas, y solventar necesidades específicas de los jugadores como ajustes en las botas o en la ropa. El utillero es, además, una figura cercana a los jugadores, contribuyendo a la cohesión del grupo y el buen ambiente en el vestuario.

V

VAR (Video Assistant Referee). Es una tecnología implementada en el fútbol para asistir a los árbitros en la toma de decisiones cruciales. A través de la revisión de imágenes en video, el VAR ayuda en cuatro situaciones específicas: goles, penaltis, tarjetas rojas directas y errores de identidad en la sanción de jugadores. Su objetivo es aumentar la justicia y reducir los errores humanos en el juego, aunque su uso ha generado debate en cuanto a la interpretación de las jugadas y la interrupción del flujo del partido.

Vestuario en fútbol. El vestuario es un espacio fundamental en la vida de un equipo de fútbol, no solo física sino emocionalmente. Es el lugar donde los jugadores se preparan antes de los partidos, donde el entrenador da sus charlas tácticas y motivacionales, y donde se comparten tanto las alegrías de las victorias como las tristezas de las derrotas. El ambiente en el vestuario puede influir significativamente en el rendimiento del equipo, haciendo de su gestión un aspecto importante de la labor del cuerpo técnico.

Volea en el fútbol. La volea en el fútbol es una técnica que consiste en golpear el balón antes de que este toque el suelo, permitiendo disparos rápidos y sorpresivos hacia la portería. Realizar una volea eficaz requiere de gran habilidad y timing, ya que el jugador debe calcular el trayecto del balón y su punto de impacto mientras está en movimiento. Las voleas pueden resultar en goles espectaculares y son valoradas por su dificultad técnica y la belleza estética de la ejecución.

W

World Cup o Copa del Mundo de Fútbol. La Copa del Mundo de Fútbol, conocida popularmente como el Mundial, es el torneo internacional de fútbol masculino más prestigioso y con mayor seguimiento a nivel global. Organizado por la Federación Internacional de Fútbol Asociación (FIFA), se celebra cada cuatro años desde su primera edición en 1930, excepto en 1942 y 1946 debido a la Segunda Guerra Mundial. El evento reúne a las selecciones nacionales de países de todo el mundo, que deben superar fases de clasificación regionales para ser uno de los equipos participantes en el torneo final. La competición dura aproximadamente un mes y se realiza en un país anfitrión, seleccionado por la FIFA a través de un proceso de candidaturas. El formato actual del torneo involucra una fase de grupos seguida de rondas eliminatorias, incluyendo octavos de final, cuartos de final, semifinales, y la final. El equipo ganador recibe el codiciado Trofeo de la Copa del Mundo. Este torneo no solo es una celebración del deporte más popular del mundo, sino que también se considera un evento que promueve la unidad y el entendimiento internacional a través de la pasión compartida por el fútbol. A lo largo de los años, la Copa del Mundo ha sido escenario de momentos históricos del deporte, consagrando a leyendas y uniendo a naciones en torno a sus equipos.